南相馬少年野球団

フクシマ3・11から
2年間の記録

岡　邦行
Oka Kuniyuki

ビジネス社

南相馬少年野球団 フクシマ3・11から2年間の記録◉目次

福島第一原発から20kmの区域だけでなく、まだまだ多くの地区が避難指示区域となっている

（2013年5月7日現在）

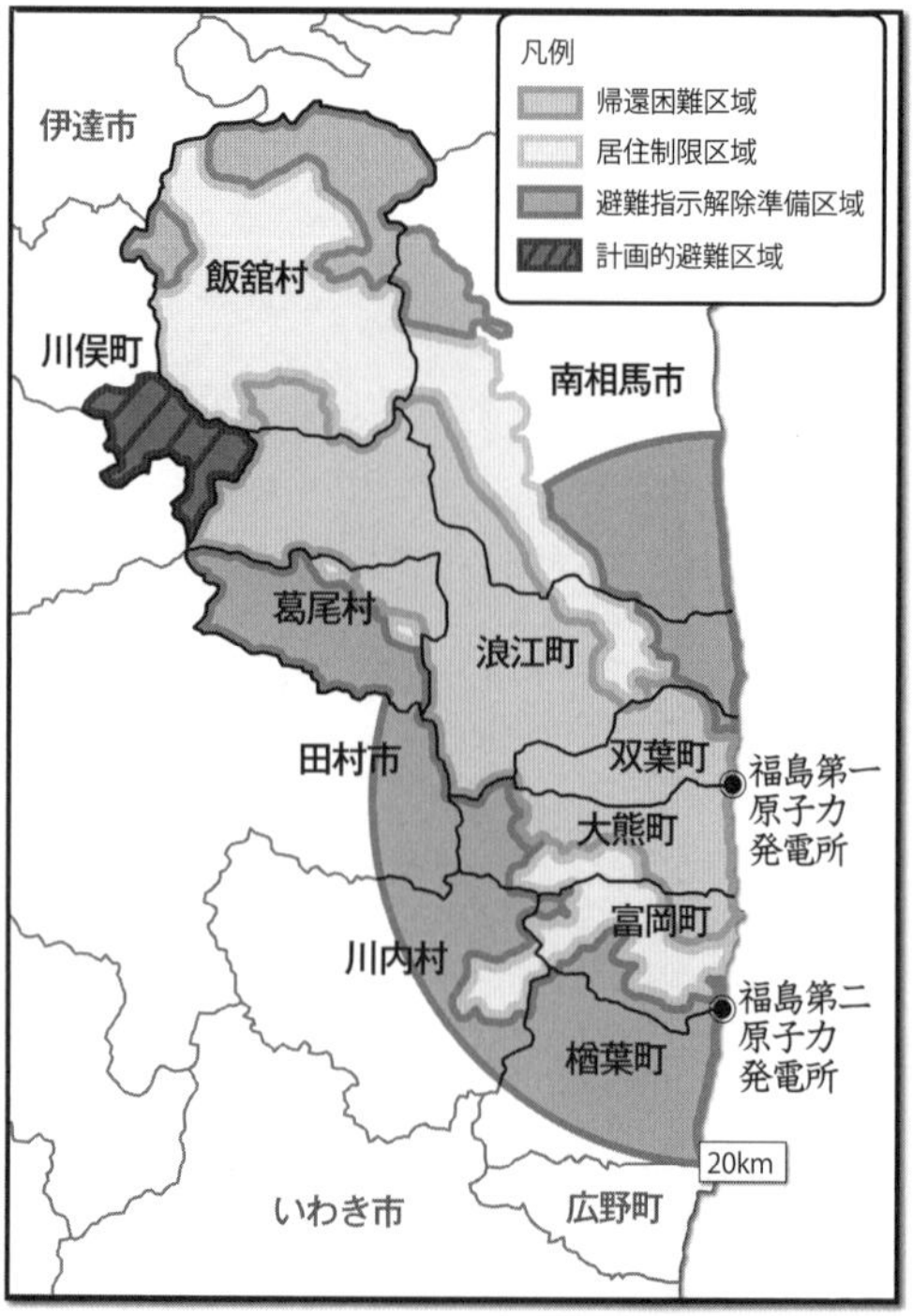

序章

3・11が奪った野球少年の命

†津波に消えた8人の野球少年

まずは、信じたくない「2つの話」を書く。そして、本編の「南相馬少年野球団」の話に入りたい。

総生徒数40人そこそこの小さな中学校の、生徒8人が「3・11」の犠牲者となった。津波に消えたのだ。それだけでも驚愕《きょうがく》に値するが、なんと8人全員が野球部員だった。

「みんな、困ったときは？」
「卵と牛乳！」
「そうだ、卵と牛乳だ。行くぞお！」
「おお！」

岩手県陸前高田市の市立小友《おとも》小学校——。

3年生から6年生の児童で編成される「小友町野球スポーツ少年団」を率いて12年目。市議会議員でもある監督の及川修一さんは、私を直視しつつ語った。

「私が指導するのは、放課後の2時間ほどであり、保護者が迎えにくるまでの親代わりです。野球を好きになってもらい、きちんと挨拶のできる子どもになって欲しい。それだけです。勝ちにはこだわっていません」

しかし、試合を決める大事な場面のときや、ピンチになるたびに選手とともに叫ぶのだ。

「卵と牛乳！」

別に深い意味はないという。が、１９５６（昭和31）年生まれ。今年で57歳を迎える及川さんたちの少年時代において、卵と牛乳は貴重な栄養源だった。それに「食べて飲む」というのは、相手に打ち勝つ意味に通じている。大いなるジェネレーションの違いがあるとはいえ「卵と牛乳！」の合言葉は、子どもたちに力を与えていることに間違いない。

5年前の２００８（平成20）年。監督就任から7年目のシーズンだった。ようやく選手である、子どもたちの心をとらえた頃だったという。毎年6月に開催される「いわて牛乳杯」への岩手県大会出場をかけた、地区大会のときだ。あと1勝すれば出場権獲得という、同点で迎えた最終回。及川さんは円陣を組んだ選手にいつもよりも語気を強めていった。

「最後のチャンスだ、卵と牛乳！」

その言葉に、選手たちは大声で応じた。

「卵と牛乳！」

結果は、それまで選手たちにあった緊張感と力みが消えた。満塁になっても浮足立つことなく、焦らずにじっくりとボールを見て粘り、最後はデッドボールでサヨナラ勝ち。岩手県大会でも卵と牛乳効果のためだろう、初めて準決勝進出を決めて3位入賞を果たした。そのときのチームの5年生と6年生の主力メンバーが、津波に消えた8人だった。

岩手県の太平洋に面した三陸地方――。

東の広田半島と西の唐桑《からくわ》半島の、2つの半島に挟まれている陸前高田市は、気仙川が長年にわたって運んだ土砂で形成された、典型的なリアス式海岸にある町だ。市街地から一望できる広田湾を象《かたど》る海岸線には、日本百景の名勝・高田松原《たかたまつばら》が続いている。主要産業は水産業で、カキ、ホタテ、ホヤ、わかめ、ひじきなどの養殖が、多くの住民の生活の糧である。

そのようなのどかな三陸の町を津波は襲ったのだ。2011年の3月11日の午後2時46分。三陸沖を震源地とする、マグニチュード9・0の巨大地震が発生し、最高で震度7を記録。その3分後に気象庁は、青森、岩手、宮城、福島、茨城、千葉にかけての太平洋沿岸部に大津波警報を発令した。

それから間もなくの午後3時前後だ。陸前高田市役所と消防署は大津波警報発令に従い、防災無線で何度も住民に避難を呼びかけた。

大津波警報が発令されました。高台に避難してください――。

遠隔操作で気仙川の水門も閉じられた。強い余震が続く中、住民たちは緊急時の避難所である市役所や市立体育館などの、高い建物や高台を目がけて一斉に逃げた。

しかし、予想をはるかに上回る、高さ10メートルを超す津波は容赦しなかった。時計の針が3時を過ぎ、25分頃になると一旦引いて沖に出た海水は黒く盛りあがり、一気に逆流するように海抜5メートルもない市街地を目がけて襲ってきた。高田松原をのみ込み、電柱や信号機などをなぎ倒し、さらに瓦礫《がれき》が建物に激突した。

地上にあるあらゆる建物、学校、図書館、病院、ホテル、ショッピングセンター、ガソリンスタンド、銀行、郵便局、駅舎、市立体育館、警察署、消防署までもが水没し、すべてが全壊してしまった。市役所の屋上に避難した者は、かろうじて難を逃れたものの、庁舎は津波にのまれた。市街地全域が修羅場と化し、死の町となった。あちこちから「助けて！」の悲鳴が聞こえたというが、やがて聞こえなくなった。自然の猛威に手のほどこしようもなかったのだ。地殻変動により、至るところで地盤沈下が起こった……。

時計の針が午後3時30分を指した頃だ。陸前高田市の市街地から、南東方向に直線距離で約6キロ。広田湾の三日市海岸から約2キロの地点。広田半島の根元に位置する小友町の、道路を挟んだ小高い地にある小友小学校と、その隣の小友中学校。両校の教師たちに引率され、校舎から出た生徒たちは「津波が堤防を超えました……」という、最後の防災無線を聞いた。が、津波がどこの堤防を超えたかはわからず、息をひそめて広田半島のほうを眺めていた。

そのときだ。1キロほど遠くの右方向の広田湾側と、左方向の只出《ただいで》漁港側の湾から、広田半島を隔てた2つの湾に入った津波が勢いよく押し寄せて合流。半島は分断され、高さ20メートル以上の波しぶきが上がった。「水合《みずあい》」と呼ばれる現象である。さらに勢いづいたどす黒い津波は田畑に流れ込み、家屋や樹木をつぎつぎとなぎ倒し、小友小と小友中に標的を絞ったように、一気に斜面を駆け上がってきた。

「山の公民館に逃げろ！」

だれかが叫んだ。その声が合図となり、教師と生徒たちは住民とともに、高台にある公民館に向かって走り出した。

そのときだった。60歳になる娘に手を引かれていた、小友中に隣接する、鈴木商店のお

サーフィンポイントだった北泉海岸　呆然とたたずむ地元の女性

潰されてしまった消防団のポンプ積載車　高平シーサイドの監督・H さんはこれに乗って出動するはずだったという……

津波に襲われた小友中学校

南相馬市内の小学校の校庭を除染。表土 5 センチを削り、その汚染された土は、校庭の片隅に埋めてしまう

3.11 から丸 1 年の 2012 年 3 月現在、原町高校野球部員 5 名＋女子マネ 1 名です

飯舘村の草野小教頭・山本秀和さん。「子どもたちは半年間も外遊びができなかったため、廊下を歩いていても正面衝突をしてしまいます。将来が心配です……」

小高工業高校野球部の練習

ばあちゃんの鈴木英利子さんが気丈にも声を荒げた。

「若い者は、後を向いて津波を見ておけ。後継者に津波の恐ろしさを伝えるだ！」

この言葉は、昔から三陸海岸地域にある津波防災伝承の1つ「津波てんでんこ」を表している。てんでんばらばらになっても自分の命は自分で守り、助かったら津波の恐ろしさを子孫に伝えなければならないということだ。1922（大正11）年生まれの鈴木さんは、1896（明治29）年の明治三陸地震（死者・行方不明者2万1959人）の怖さを先祖から伝え聞く一方、1933（昭和8）年の昭和三陸地震（死者・行方不明者3064人）を体験していた。そのため、娘に手を引かれながらも思わず大声を発したのだ。

全員が高台の公民館に避難することができた。しかし、その中には津波に消えた8人の野球部員はいなかった。

複数の少年野球関係者の証言によれば――。その日の昼過ぎだった。翌12日の卒業式のため午前中で授業を終えた、小友中の1年生と2年生の野球部員8人は、自転車で陸前高田市内にあるショッピングセンター「リプル」に向かった。卒業する野球部の3年生を祝う、花束や記念品を買うためであった。その買い物の最中に地震に遭い、全員が自転車で近くの市立体育館に避難したという。が、津波に襲われてしまったのだ。

大震災前の、陸前高田市の人口は約2万4000人。その1割近くの1800余人が死者・行方不明者になっている。市役所職員296人中、なんと68人が犠牲となった。住宅約3340棟が倒壊し、避難者は約1万6600人に及んだ。

教え子である津波に消えた8人の野球少年の名を、監督の及川さんは最後まで明かさなかった。

「9月には市議会議員の選挙があるし、私が亡くなった子どもたちについてしゃべったら売名行為になるかもしれない。それに遺族は早く忘れたいと思っているはずです。名前は勘弁して欲しい……」

そう説明した及川さんは、津波の恐ろしさを忘れることができないし、ユニホーム姿の8人が夢に出てくるときもある。そのため寝るときは睡眠薬を服用しているという……。

† ユニホーム姿の女子中学生の無念

3・11から3ヵ月後の6月。私は被災地の宮城県を訪ねた。

仙台市から北東に車で約1時間半。宮城県の中でも最大の被災地となった石巻市は、約

2万8000棟の住宅が全壊し、実に3700余人の尊い命が荒れ狂う津波にのみ込まれてしまった。3ヵ月が経った時点でも、地震によって海岸線に近い地区は地盤が沈下。海水が市街に流れ込んでいた。

もちろん、多くの小・中校生や高校生も犠牲となった。太平洋に面した牡鹿半島の根元に位置し、南三陸金華山国定公園に含まれる追波《おっぱ》湾から内陸部に約4キロの地点。北上川沿いにある石巻市立大川中学校は、卒業したばかりの女生徒が濁流にのみ込まれた。2年生に進級するはずだった、バスケットボールとバレーボール部員2人の命も奪われた。さらに入学予定の新入生になるはずの2人の消息は未だにわからない。当然、被害も甚大で校舎は使えない……。

6月24日の金曜日。宮城県仙台市を本拠地とする、バスケットボールのプロリーグのbjリーグ「仙台89ERS」に在籍する選手、志村雄彦さんに会った。被災地の仙台市生まれ、原発事故を起こした東京電力福島第1原発から半径10キロ圏内に位置する、浪江町《なみえまち》出身の母を持つ志村さんは、89ERSチアーズとともに被災地でのボランティア活動に余念がない。この日は、大川中を訪ねることになっていた。

同じ石巻市の市立飯野川中学校に仮校舎を求め、空き教室などで授業を行っている大川中。仕切りのない体育館は避難してきた人たちで満杯であり、大川中の生徒たちは近くの仮設住宅や借上げ住宅から通学している。お風呂は近くの銭湯に行っているという。

この日で2度目の訪問になる志村さんは、全校生徒38人を前に激励した。翌日から開催される、宮城県中学校総合体育大会の地区予選を控えた壮行式が行われたからだ。まず生徒会長の浮津優輔君が、生徒たちを前に挨拶をした。

「今年は大震災のため十分な練習ができない中、明日に向けて練習してきました。部活に使用する道具は、ボランティアのみなさんの協力を得ることができました。その人たちの思いを込めて、全力でプレーしてください。試合に出ることができない人は、プレーしている人に元気を与えてやってください。みなさんは大川中学校の看板を背負っています。大川中学校の生徒として、規律を守って挑んでください」

続いて志村さんに同行した89ERSチアーズの石河美奈さんと菊地美帆さんの2人が、浮津君に激励の千羽鶴を贈り、生徒たちに指導してきたダンスパフォーマンスと応援エールを披露。生徒たちと円陣を組んで気勢を上げた。

「みんな笑顔だよ、笑顔！　走るよ！　走るよ！　ゴー！　ゴー！　ゴー！　絶対に勝つよ！」

そして、最後に志村さんが38人の生徒を前に挨拶をした。ちなみに志村さんは、バスケットボール選手としては身長が160センチと低い。が、そのスピードあるプレーには定評があり、仙台高校時代は司令塔のポイントガードとして、チームを全国制覇2連覇に導いている。宮城県の小・中校生の憧れの選手である。

「明日からの試合に臨むにあたり、大事なのは『Play Hard』。最後まで諦《あきら》めずプレーすることです。それに『Play Together』。仲間を信じることも大事です。そして『Have Fun』。どんなことがあっても楽しむことを忘れないでください」

志村さんは、力を込めていった。生徒全員、周りの先生たちも頷《うなず》いた。続けていった。

「それから、もう1つあります。大事なことは忘れ物をしないように準備をきちんとすることです。今日、ぼくが履いてきた靴下を見てください。どっちも右用の物ですから、こういったことのないように気を付けてください」

だれもが志村さんの足元を見た。今度は生徒も先生も全員が笑い、志村さんは照れた。

そのような調子で壮行式が進んでいるときだ。私は野球帽を被り、ユニホーム姿の女生徒が気になった。バスケットボール部、野球部、バレーボール部、柔道部のメンバーがつぎつぎと生徒会長の浮津君から紹介され、大会に臨むための抱負を語った。そのときに彼女は、きりりとした表情で宣言した。

「野球部全員で声を出して頑張ります。最後の大会なので悔いの残らないプレーをします」

小1時間の壮行式が終わった。私は彼女に歩み寄り、声をかけた。

「野球好きなんだ。ポジションは？」

中学3年生の彼女は小さく頷いた後にいった。

「はい、センターです。でも、私よりも小学生だった弟のほうが、野球が大好きでした。高2の兄も野球をやっています……」

「小学生……だった？　大好き……でした？　それはどういうことなの？」

思わず聞き返した。一瞬、躊躇《ためら》いつつも彼女はいった。

「津波で死にました……」

「津波で……」

言葉に詰まる私を、彼女は黙って凝視していた。

傍らにいた担任の先生によれば、3・11の際に彼女は祖父が運転する軽トラックの荷台に祖母と乗り、高台を目指して逃げた。しかし、追いかけるように襲ってきた津波に祖父母はあっという間に流されてしまった。荷台から放り出された彼女は、なんと4時間もの間、瓦礫にしがみつきながら海上を漂流した後、運よく救助されたというのだ。以来、家を失った彼女は両親や兄と住む避難所での生活を余儀なくされた。毎日、仮校舎に当てられた中学校に通っているが、震災後は決して両足が見えるスカートははかない。傷だらけの身体《からだ》になってしまったからだという。

そう説明する担任の顔を見ながら、彼女は小さく頷いていた。

スポーツ少年団の野球チームに所属していた小学生の弟は、全校児童数108人の石巻市立大川小学校に通っていた。追波湾から6キロほど内陸部に位置する大川小は、北上川沿いの大川中よりも2キロほど下流の湾側寄りだが、水害の際も安全地帯といわれていた。1960（昭和35）年のチリ地震（死者・行方不明者142人）の際の6メートル超の津波でも被害はなく、宮城沖地震を想定した浸水予測図でも範囲外にあった。

しかし、北上川を逆流するように襲ってきた津波は、26年前に建てられた体育館、さらに半円形の近代的な校舎の屋上まで達し、すべてを破壊した。放課後、まさに帰宅しようとしていた、児童数7割に当たる74人の若い命まで奪ったのだ。その1人が姉や兄よりも野球の大好きな弟だった。大川小では児童に限らず、教職員13人のうち10人が死亡または行方不明となっていた。

「私は兄とともに、弟の分まで野球をしたいと思っています」

再びきりりとした表情で、名前を教えてくれた彼女はいった。

†3人の息子を亡くしたお母さんの流産……

福島県南相馬市。ここから「南相馬少年野球団」の話に入る——。

私が生まれ故郷に出向くことができたのは、JR福島駅東口前から相馬市経由の南相馬市行のバスが運行されるようになってからだ。3・11から2ヵ月後の5月初旬、いたたまれない気持ちで故郷の現実を目の当たりにした。

以来、毎月のように故郷を訪ねては取材を続けているが、悲惨な話は黙っていても耳に入ってきた。そのたびに現場に行った。

南相馬市鹿島区の右田浜海岸から約2キロ地点。海岸方向には防風と防砂のための松林を臨むことができる「みちのく鹿島球場」は、田畑に囲まれたのどかな田園風景の中にある。2001（平成13）年9月、湘南シーレックス対巨人戦のこけら落としで開場された。

隣町の相馬市にある相馬高校出身の巨人選手・鈴木尚広がスタメンで出場し、その俊足ぶりで活躍した。以来、毎年のようにプロ野球2軍の試合が開催され、多くの野球ファンを喜ばせていた。両翼は100メートル。それに野球少年たちにとっても、ここでプレーするのが夢だった。なにせフェンスもあるし、バックスクリーンもあり、外野は芝生だ。もちろん、3000人収容のスタンドもある。と同時に地元住民にとってみちのく鹿島球場は、災害が起きた際に命を護ってくれる避難所でもあった。

ところが、3・11がすべてを奪ってしまった。安全だと信じていたグラウンドは修羅場と化した。海岸方向から逃げて避難した住民を津波は直撃したのだ。かろうじてスタンドに這い上がった者は難を逃れた。が、グラウンドにいた20人以上は逃げる間もなく、松林をなぎ倒して田畑を超えてきた津波に襲われた。瓦礫と土砂の中に生き埋めとなった……。

そして、私が少年時代を過ごした原町区の海岸寄りの泉地区――。

2006（平成18）年には世界プロサーフィン連盟公認の「ワールド・クオリファイ・シリーズ」が開催された、サーフィンポイントとして知られる北泉海岸は近くにあり、新田川が流れている。毎年10月に入ると鮭漁が行われ、少年時代はカンカラ（空缶）を手に産卵されたハラコ（イクラ）を拾っては食べ、孵化場に行っては遊んでいた。「鮭川（新田川）の〝鮭のよ〟は他の川のもんとは違うだ。ほらよく見でみろ、黄金色した黄肌だべ。江戸幕府に献上していたんだぞ」と、そう教えてくれた漁協の長老からは「カオス」と呼ばれる鮭泥棒の話もよく聞かされた。真夜中、非番の組合員が番屋の仲間に見つからないように川に入っては鮭を盗むのだが、新年を迎えて漁が終わるまでバレないと自慢話になったという。カオスはその昔生息していた、川獺《かわうそ》が訛《なま》った呼び方だった。

そのような牧歌的だった田舎――巨人の鈴木尚広の父が生まれ育った原町区の泉地区にも、容赦なく悲劇はやってきた。とくに津波に襲われた3人の兄弟と、そのおばあちゃんの4人の死を知ったときは、どうしょうもないショックを受けた。下の小学1年生と2年生の年子の2人は、私の母校・高平小学校の児童だったからだ。2人はスポーツ少年団の野球チーム「高平シーサイド」に入り、前日は校庭と体育館で練習に励んでいた。10日前の3月1日に小高《おだか》工業高校を卒業したばかりの長兄はチームのOBで、ときにはお父さんとともに練習の手伝いに姿を見せることもあり、兄弟3人でキャッチボールをするのが日課だったという。さらに30年前、高平シーサイドが創設された当時の選手だった監督のHさんも、なんと津波の犠牲者となっていたのだ……。

3・11――。

その日の在校生180余人の高平小の児童が、下校の途についたのは午後2時30分頃からであり、1年生と2年生の2人の兄弟が帰宅したのは3時30分過ぎだったという。小一時間前の2時46分に発生した大地震のため、校庭の片隅にある児童館で待機した。近所のおばさんと一緒に車に乗って迎えにくる長兄を待っていたためだが、帰宅した時刻にはすでに津波第1波が海岸に到達していた。津波がきていることに気付いた近所の住民は、車で逃げながらクラクションを何回も鳴らして知らせたといわれる。が、海岸から家までの距離は1キロほど。近くには新田川の河口があり、台風や豪雨の際はよく氾濫《はんらん》していたという。そのため避難しようとしたときは9メートルを超える、どす黒い津波が目の前まで迫っていたと思われる。外出先から地震のために急遽《きゅうきょ》帰宅した、68歳のおばあちゃんとともに兄弟3人は家屋ごと流されたのだ。Oさん家族で助かったのは働きに出ていたお父さんとお母さんだけだった。6人家族の4人が犠牲者になった……。

翌12日。北から小高区・原町区・鹿島区の3区から成る南相馬市には、11分団で構成される消防団があり、1309人の民間人の団員が所属していた。被害を免れた団員たちは、前日の地震が起きた1時間後の午後4時頃には各分団の屯所に集合。自宅周辺の住民の安否を確認しつつ、地震被害を調査。夜には屯所に再び集合し、夜明けとともに再び団員たちはポンプ積載車に乗り、津波で破壊された海岸沿いに向かった。地理に詳しくない災害派遣の自衛隊や消防署員、警察官たち救助隊を現場に案内する一方、余震に脅えながらも重機を操作し、生存者の救出や遺体捜索、遺留品回収、瓦礫の撤去作業に従事。陽が沈むと暗闇の中をパトロールし、防犯にも協力した。

もちろん、少年野球チーム「高平シーサイド」の16人の選手たちの保護者のお父さんたちも消防団に所属しており、3・11後はめまぐるしい日々を送った。休むことなく団員としての任務を果たした。

現在の監督の門馬一弘さん、小玉洋一さん、高田真さんたちは積極的に活動し、否応なしに遺体を目にした。そのときの悲惨な光景はいまも脳裡《のうり》に焼きついているといった。

当時を、小玉さんは振り返った。

「正直いってパニック状態で、冷静ではなかった。遺体なんですけど、なんか物として見ている感じというか、お腹は水を飲んだためにパンパンに膨れていたし……。可哀相だとか、哀れだなあ、といった感情はなかったと思う。そんなことを考えていたら作業なんかできないしね。地元の生き残った人間がやらないで、だれがやるんだっていう感じ……。あっちこっちに遺体はあったし、とにかく早く安置所に運んで『待ってる家族の元に帰してやっぺ』という思いでした」

早く待ってる家族の元に帰してやっぺ――。この小玉さんの言葉は、救助に従事した団員たちの共通の思いであった。

「私は寝たきり老人もいたため、30人以上の犠牲者が出た老人保健施設のヨッシーランドや、それに渋佐浜の方にも行った。もちろん、初めは毛布がかけられた遺体でも、手足はだらりとしてるし、目にしたときは動揺した。でも、とにかく遺体を運ぶときは『この人たちは寝ているんだ』と思うことにした」

そう高田さんも語る。収容された遺体は、福島県立原町高校と相馬農業高校の体育館に安置された。

監督の門馬さんは偶然にも捜索中に、Oさんの3人兄弟の末っ子、7歳のR君の遺体を見つけている。12日の昼過ぎだったという。Oさんの家から遠くない新田川の橋の近く、通称・浜街道の土手にうつ伏せで眠るように遺体はあった。

「初めは『どこの子だ?』と思い、服を調べているうちにわかった。顔は泥だらけだったけど、そんなに傷は付いてなかった。やっぱり、早く親元に帰してやりたいという思いだね。あのときはあんまり感じなかったけど、左手でしっかりと口をふさいでいた。たぶん水を飲まないように必死だったんだと思う。後になって思うと、やるせなかった。2日前の10日の木曜日は、高平小の校庭と体育館で一緒に練習していたしね。エラーしたとき『飯抜きだぞ！』なんて怒ると、もう泣きながらボールに食らいついてきた。野球が大好きでね、2人とも顔も髪の毛も短くて似ていて、仲もよかった……」

視線を遠くに投げつつ、門馬さんはしんみりとした口調でいった。

その日のうちに長兄のY君と2番目のK君の兄弟、同時に監督のHさんの遺体も見つかった。

泉地区に隣接する、北泉地区に住んでいた製紙会社勤務のHさんは、地震が起こり、津波警報が発令されると帰宅。門馬さんの友人でもある消防団員と自宅近くの公会堂に直行し、ポンプ積載車に乗って出動しょうとした。そのときに津波に襲われ、流されてしまった。門馬さんの友人は間一髪、咄嗟《とっさ》の判断で公会堂の屋根によじ登り、死から免れたという。前述したように南相馬市には1309人の消防団員が名を連ねていたが、3・11で9人の団員が津波の犠牲者となっている。

ともあれ、2人の野球少年とその兄、さらにおばあちゃんは荒れ狂う津波に命を奪われた。41歳の監督も亡くなった。

ところが、この話はここで終わらなかった。

3・11から7ヵ月後――。

カレンダーが10月に入った頃だった。私は複数の人から次のような話を聞いた。それは単なる噂とは思えなかった。母親のおばあちゃんと3人の息子を亡くした、お父さんとお母さんに関するもので、新たなショックだった。

伝聞による話を箇条書きにしたい。

●おばあちゃんと3人の息子たちを亡くしたお母さんに、新たな命が宿った。もちろん、夫婦は喜んだものの、心身の疲れを気遣ったお父さんは妻に早めの入院を勧めた。運よく市内の病院に入院することができた……。

●借上げアパート住まいのお父さんは、毎日病院に通っては静養する妻を励ました。その病院は3・11のときも逃げずに市民の治療を続ける一方、70歳を過ぎた院長は積極的にテレビなどに出ていたという。それがマスコミの知ることになったかもしれない。テレビクルーが病室にやってきた……。

●お母さんは、亡くした3人の息子の遺影を手にテレビカメラを前に、胸の内を語ったという。枕元には18歳の実兄である長男が、おじいちゃんが亡くなった際に綴った手紙があった。「本当の息子として育ててくれてありがとうございました……」。そのような内容が手紙には記されていた。お母さんが再婚した後、祖父母は養子として、実子のように育ててくれたからだという。そのこともテレビで紹介された……。

●テレビのレポーターはマイクを差し出し、お母さんに聞いた。「生まれてくる赤ちゃんは、亡くなった3人の息子さんの生まれ変わりですね？」。番組を観た住民は涙を抑えることができなかった……。

●つぎつぎに病院にやってくるテレビの取材陣にお母さんは応じた。しかし、お父さんはやりきれない気持ちを抱いたかもしれない。「入院した意味がないべ……」と怒った……。

●予定日は知らなかったが、新たな命は生まれなかった。流産したという……。

3・11からちょうど9ヵ月後、師走を迎えていた12月11日。おばあちゃんの遺体が見つからないまま、お葬式は行われた。荼毘《だび》に付された3人の兄弟は天国に召された。参列した高平シーサイドの保護者に、お母さんはいっている。

「本当に悲しいときって、涙ひとつ出ないんだあ……」

†地震・津波・原発事故・風評被害の四重苦

3・11による東北3県の死者・行方不明者は1万6000人にも及んだ。岩手県4671人、宮城県9510人、福島県1819人である（1年後の3月11日現在）。

あれから丸2年目を迎える。被災地の復興は計画通りに進んでいると政府は発表し、マスコミはそのまま信じて報じている。

しかし、少なくとも福島県だけは未だ復興の兆しは見えてこない。「原発事故」の4文字が、特殊な状況に追い込んでしまったからだ。福島県において忘れてはならないのは「地震」「津波」だけの被害だけでなく、さらに「原発事故」による放射性物質の大量放出汚染に起因する「風評被害」が加えられた。その四重苦に、いまも福島の人たちは翻弄《ほんろう》されているのだ。

太平洋に面した相馬郡と双葉郡から成る、通称・浜通りの相双地区。12市町村のうち、双葉郡の浪江町、双葉町、大熊町、富岡町、楢葉町などの「原発の町」は、放射能物質で汚染されたため、全住民は県内や県外への避難を余儀なくされた。

そして、南相馬市――。

福島第1原発から北へ約37キロ圏内に位置する南相馬市は、特異な地域になってしまった。原発から半径20キロ圏内の「警戒区域」だけでなく「緊急時避難準備区域（2011年9月30日をもって解除）」と「計画的避難区域」「何でもない地区」の4つの区域、さらに年間の積算放射線量が20ミリシーベルトを超えると予想される「ホットスポット（特定避難勧奨地点）」を擁するため「原発最前線の町」と呼ばれている。ちなみに原発事故前の南相馬市の自然放射線量の平均値は「毎時0・04〜0・05マイクロシーベルト」であった。そこで人工放射線量を加えて「年間積算放射線量1ミリシーベルト以下」に抑える除染計画を発表。「放射線量は毎時0・23以下」にすることを目標に掲げた。が、除染作業期限の2年が経っている現在も、市街地でさえ毎時0・3マイクロシーベルト以上が計測されているのが実情だ。

人口7万1000余人の南相馬市は、福島県の犠牲者の実に36パーセントを占める646人（行方不明者も含む）も亡くなった。その上、人災である原発事故により、住民の多くは県内や県外に避難。2013年1月末の時点でも約1万7600人が故郷に戻ることなく、避難先での生活を余儀なくされている。環境が突然変わったため、避難先で亡くなったお年寄りも多いと聞いている。約4万5800人が市内に在住しているが、たとえていえば「蛇の生殺し状態」だという。

つまり、警戒区域に指定されれば諦めて故郷を後にすることもできる。が、一昨年9月末に緊急時避難準備区域を解除したことにより政府は「もう放射能については怖くない」という主張である。しかし、この政府の見解を素直に信じる者はいない。今後放射線量が高くなる可能性もあり、在住者の多くは将来に不安を募らせているからだ。要するに、故郷に帰っても放射能の危険性にさらされてしまう。事実、緊急時避難準備区域が解除されても、半年間で戻った住民は約4000人と少なく、政府の予想を下回っている。

さらに、追い打ちをかける風評被害――。

放射性物質汚染による風評被害は、農作物、畜産物、水産物の食物、その他の瓦礫などに限ったことではなかった。人にまつわる風評被害も驚くほど多い。「本当ですか？」と思わず聞いたほどだ。

原発事故により、住民は助けを求めるように県内や県外に避難した。ところが、世間は冷たかった。なんと駐車場に車を止めておくと「福島に帰れ！」とフロントガラスに書かれ、バスには石が投げつけられた。仙台の人気ラーメン店に車で行ったところ、店主に入店を断られてしまった。ガソリンスタンドでの給油や、コンビニでの買い物を拒否されたという話は、あちこちで聞くことができた。すべては車のナンバーが「福島」「いわき」だったからだ。

横浜市の娘の元に避難した、知人は呆《あき》れ顔で語った。

「首都高速に入った途端だね、追い抜かれるたびにクラクションを鳴らされた。最初は何のためかわからなかったけど、料金所でもなかなか列に入れてくれない。ガソリンスタンドでも嫌がらせを受けたね。ナンバーを見て福島からきたと思ったんだろう、愛犬を散歩させようとしたら、店員が走ってきて『やめてください』と……。私の友人は、福島から避難してきたといったら『〝毒島《どくしま》〟からきたのか』と嫌みをいわれたし『福島の女は結婚できない』なんてね、侮蔑《ぶべつ》的な言葉を浴びせられた女性もいる……」

つぎつぎと信じられない、次のような話も聞いた。

とにかく、原発から80キロ以上離れれば大丈夫だ、と聞いたMさん家族は会津若松方面に避難。旅館に泊まることにしたのだが「南相馬からきました」といっただけで断られた。宿泊することはできたが、部屋に入る前に「まず、お風呂に入って、身体をきれいにしてください！」と強くいわれた家族もいる。その他、避難先の幼稚園に入った園児は「放射能ちゃん」「マイクロシーベルトちゃん」のあだ名を付けられた。同じように転校した児童は「マイクロシーベルトがやってきた」と馬鹿にされ、いたたまれない気持ちで保護者は子どもを連れて南相馬市に戻ってきた。「放射能がくっつく」と転校先でいわれた女子生徒は、お風呂で泣きながらお母さんに肌が赤くなるまで洗ってもらった。お中元で福島産の桃を知人に送ったところ、受取りを拒否された人もいた。

否応なしにだれもが放射能に敏感になっている——。

南相馬市原町区で上下水道敷設工事などを請け負う「セントラル住設」を経営する一方、社屋の一部を開放し、ボランティアで卓球クラブを設立。37年間にわたって卓球の普及活動を続ける、福島県卓球協会理事長の斎藤一美さんに会った。斎藤さんの会社は原発から約25キロ地点にある。

「聞いてください。3・11から5ヵ月後の夏、青森でインターハイが開催された。当然、県協会理事長の私は卓球会場に行った。ところが、もうがっかりしたというか……。それというのも西日本のほうから出場したチームの中には、わざわざ日本海側の交通を利用して、青森入りしたと聞いたからだね。初めは単純に『なんで便利な東北新幹線を利用しなかったんだ?』と思い、その理由を聞いた途端、憤りを感じた。東北新幹線を利用すれば福島を通過しなければならない。つまり、福島を通ったら、放射能を浴びてしまうということが、その理由だった。私は情けなかった。同じ卓球、スポーツに情熱を注ぐ人間にそういった者がいたのかと……。私も従業員も、岡さんのご両親も同じでしょう。長年住んでいる南相馬から逃げない。放射能なんかに負けてたまるかと。そういう思いで頑張っている。そういった人たちをどう思っているのか。おたがいの気持ちを思いやるという、フェアプレー精神を大事にしなきゃ……」

面映ゆい顔を見せつつ、斎藤さんはいった。

南相馬国際交流協会を運営する、元英語教師の若松容子さんに久しぶりに会った。夫である、詩人の若松丈太郎さんはチェルノブイリにも足を運んだこともあり『福島原発難民―南相馬市・一詩人の警告1971年―2011年』を上梓している。深い吐息をついて、若松さんはいった。

「たしか震災から1ヵ月半ほど経った、4月の末だったわ。東電の副社長が、飯舘村に謝罪にきたとき、女子高生が『将来、子どもを産めなくなったらどうするんですか?』と訴えている。七夕のときは、小学2年生の女の子が短冊に『わたし、こどもうめるかしら』といって書いたというのね。広島原爆のときは『ピカのところから嫁をもらうな』といった風評被害もあったし、これからは子どもたちに内部被曝の知識を教えないといけないわね」

もちろん、被災者たちは県内や県外の避難先で心温まる善意や、いろいろな支援物資をいただいたことに感謝している。

ただし、一方では以上のような信じられない悪意により、心に傷を負った被災者も少なくない。「がんばろう！　福島」「がんばろう！　東北」「日本人の絆」「あなたは1人じゃない」といった復興・復旧への惹句《じゃっく》は、いったい何のためにあるのか——。

†除染されないグラウンドで部活動

私の実家から徒歩で3分。新田川沿いにある南相馬市運動公園。現在は使用されているが、3・11から1年間はすべての施設は使用禁止だった。体育館は遺体安置所となり、野球場、プール、相撲道場、テニスコート、サッカー場は放射性物質で汚染されていたからだ。当時の放射線量は毎時0・8マイクロシーベルト前後あり、場所によっては2・0が計測された。その他、少年野球のメッカである北新田運動場は瓦礫置き場となっていた。

南相馬市からスポーツ施設は消えてしまった——。

昨年4月にサッカー場には小高区にあった県立小高工業高校が移転。仮設校舎が建設され、授業が行われている。しかし、施設を提供した南相馬市は何度も除染を勧めたものの、福島県は除染せずに建ててしまった。私は訪ねるたびに放射線量計で計測しているが、この1月の段階では1年前よりも低く毎時0・4から0・6マイクロシーベルトである。しかし、いかに下がったといっても、3・11以前の10倍の数値であることを忘れてはならない。同時に、放射線量には〝しきい値〟がないということも忘れてはならない。その上に外水道もない。いや、外水道は昔からサッカー場に設置されていたのだが、市が水道水を止めてしまった。つまり、除染されないグラウンドで部活に励む生徒たちは、顔も手足も洗えないということだ。

小高工業高の部活顧問の教師たちは、戸惑い顔で語った。複数の談話をまとめればこうなる。

――小高工業は県立のためでしょうね。水道を使用するのは県立の生徒だけだから市側は関係ないという感じです。県側は校内にある水道を使用すればいいといっています。私たちは、除染していないグラウンドなんか生徒には使わせたくない。そのため市役所に行きました。市内の小学校や中学校の除染した校庭を放課後だけでもいいから使用したいと、教育委員会にお願いしたんです。ところが、義務教育の小学校や中学校の施設は県立高校には使用させられない、ということでした。生徒の多くは南相馬市の市民なのに何を考えているのか、私たちにはまったく理解できません。また生徒たちの自転車置き場は野ざらしで、屋根を付けてくれたのは7月に入ってからです。それに移転した当時は、市のゴミ収集車もきてくれない。その理由を聞いたら、市にゴミ収集の申請をしていなかったためということでした……。

以上だが、市も県も情けないというか、この期に及んでもタテ割り行政に固執しているのだ。子どもたちを何と思っているのか——。

「とにかく、原発事故によってスポーツはできない。我々としては、仮設校舎や仮設住宅を建てる場合は、スポーツ施設以外の場所の候補地を選定したんだが、県側は野球場やサッカー場などを使わせてくれとね。そのためたとえ暫定的でもやむを得ないかなと……。屋外で野球やサッカーができる状態じゃないし。まあ、課題はいっぱいある。除染をし、早く子どもたちを故郷に戻さないといけない。それをまずは考えなければならないが、除染した場所の土壌などを集める場も確保しなければならないという、大きな問題もある」

昨年の1月23日。市民ランナーとしても知られる、南相馬市長・桜井勝延さんは厳しい顔で、私の取材に応じた際にいった。

たしかに南相馬市は、3・11から5ヵ月後の一昨年8月に「市長公室除染対策室」を設けた。国や県から補助金を得て、主に公共施設の学校・幼稚園・保育園、それに公園・道路（通学路）・スポーツ施設などの除染を積極的に実施し、除染専門研究者を標榜《ひょうぼう》する東京大学アイソトープ総合センター長・児玉龍彦教授を招いている。

しかし、放射性物質汚染物の仮置き場候補地を探しだしても、住民の反対でなかなか確保できず、除染作業は大幅に遅れている。復興の兆しはまったく見えてこないばかりか、問題も起こっている。

たとえば、学校の除染の場合は、校庭の表土を5センチほど削り、そこに新たな土を入れるという除染作業をした。しかし、これが問題だ。その除去した表土、さらに学校敷地内を除染した際に出た汚染された土壌などは、どこに運ばれたのか？

一昨年の10月初旬。私は、ある小学校の除染作業をする建設会社を取材した。が、それらの表土や土壌は校庭の片隅に穴を掘り、そこに韓国製の「ＢＥＮＴＯＭＡＴ」という青色のマットを敷き、埋めていたのだ。その厚さ1センチほどのマットは、放射性物質を除去する効果もあるという。が、これが果たして除染といえるのか。そのような校庭で子どもたちに「思いきり遊びなさい」とでもいいたいのだろうか。

「あれは除染ではなく『移染』だな。東大の児玉教授は研究のためのデーターが欲しいためだけだろうよ」——そう知人は揶揄《やゆ》していたが、付け焼刃の除染であることは間違いない。

それにもう1つ、大きな問題がある。市が進める除染作業は、あくまでも除染することだけが目的であり、子どもたちに校庭でスポーツをさせることを目的としたものではないということだ。それというのも、除染後に入れた土は宮城県や岩手県から取り寄せた放射線量ゼロとはいえ、さらさらとした山砂である。本来ならグラウンドに限らず、校庭などは運動場建設を専門とする業者に作業依頼をすべきである。しかし、専門業者は放射能を恐れ、南相馬には出向いてくれないという。

ともあれ、野球やサッカーなどの球技には不向きであり、第一にボールが弾まないのだ。試しに私は、除染された校庭を軽くジョギングしてみたが、砂浜を走っている感じだった。加えて風でも吹けば周辺の住民から苦情が出ることは間違いない。

「あのような山砂では野球はできませんね。ノックをしてもボールは弾まず、とくに内野の守備練習はできない。うちの場合は、内野だけでも通常の黒土して欲しいと頼み込んで、そうしてもらいましたが……。雨が降ると外野は、山砂のために水はけも悪い。とにかく、グラウンドよりも最大の問題は、部員の確保なんです。最低で9人……。いや、ケガ人が出たら試合ができませんから、やっぱり10人以上の部員がいないと安心して部活はできない……」

今年、2013年の3月に原町高校のグラウンドを訪ねると、野球部監督の菅野秀一さんは、そういって不安顔を見せた。

今年4月には9人の新入部員が入部し、部員は18人になった。しかし、昨年3月まではたったの5人で練習。新入部員が4人加わり、ようやく9人の部員を確保。昨年の秋季大会までは双葉高校（部員5人）と相馬農業高校（部員4人）との連合チーム「相双福島」として出場していた。が、部員の少ない他校からクレームがついたと思われる。何故なら春と秋の県大会出場校は、地区大会出場6チーム以内だと2校であり、7チーム以上だと3校である。そのため3校による連合チームが結成されれば、2校しか出場できなくなる。そんな他校のクレームを考慮したのだろう、福島県高校野球連盟は昨年11月初旬の理事会で部員9人の原町高の連合チームへの参加は認めず、今年の春からは単独チームで出場しなければならなくなったのだ。

もちろん、原町高・双葉高・相馬農業高の3校以外の、相双地区（相馬郡と双葉郡）の

5校も部員不足に頭を抱えている。新学期を迎えた今年4月の時点で相双地区では唯一の工業高校である小高工業高は36人の部員を確保しているが、北から順に新地高校は14人、相馬高校は23人、相馬東高校は16人、双葉翔陽高校は12人である。すでに昨年の夏を最後に浪江高校、その前年夏には富岡高校が休部に追い込まれている。さらに今年の夏後は双葉翔陽高校が休部することになった。また、夏後の双葉高校は部員が1人となり、新地高校は8人となる。いずれも入学者数が少なく、新入部員が入ってこなかったからだ。

「相双地区の高校球児は全部合わせても、こうして数えると90人ほどだべ。100人以上も部員がいる聖光学院よりも少ないんでねえの。笑い話にもなんねえ」

昨年の10月5日、南相馬市営球場で開催された秋季相双高校野球大会を取材に行ったときだ。原町高校野球部OBの藤原直道さんは、メンバー表を手に渋顔を見せていった。

相双地区から高校野球が消えてしまう——。

†廊下で正面衝突する子どもたち

高校野球は当然として、大問題は少年野球も中学野球も部員が減少。苦しい状況にあることだ。

「この原一小の校庭は照明塔もあって、夜の7時まで遊べたけど、3・11から1年以上は遊んでいる子どもの姿は見たことがなかった。避難先から戻ってこない子どもも多いしね。それにいくら除染をしたといっても、親たちが遊ばせないんだろうな。いまは少年野球の原一小ジュニアメッツの児童が練習をしているけど、除染した際の土壌を埋めた場所も使用している。前は柵をして子どもたちが入れないようにしてあったけど、いつの間にか外された。放射線量が低いということなんだろうけどね。まあ、いまのところジュニアメッツには、13人くらいいるため大会に出場できるが、低学年のメンバーは少ないしね。監督の（佐藤）英雅君も苦労してる。今度入学する次男坊を入れるといってるけど、6年生が卒業したらメンバーも少なくなって、いずれチームが解散する恐れもある。少年野球がなくなれば、自然と中学野球も高校野球も消えてしまう。先を考えるとさびしいな……」

南相馬市立原町第一小学校前でパン屋「パルティール」（フランス語で『新たな出発』の意味）を営む、南相馬市少年野球連盟事務局の只野実さんは校庭を指差し、心配そうな面持ちでいった。ちなみに3・11の際の只野さんは店を開放。「タダの（只野）パンとコーヒー」を用意し、住民サービスに努めていた。

南相馬市には、16校の小学校がある。昨年、2012年4月の予定在籍者数は3846人といわれていた。しかし、3・11から2年を経とうとしているいまも県内外の避難先から児童は戻らず、在籍者数は50パーセントの1914人。とくに警戒区域に位置する小高区の4校の予定在籍者数は681人だったが、26パーセントの178人と少なく、1校あたり45人。当然、小高区から少年野球チームは消えてしまった。

中学校も同じである。南相馬市には6校の中学校があり、昨年4月入学式時点での在籍者数は64パーセントの1188人。もちろん、警戒区域の小高中学校は、鹿島区の鹿島小内の仮設校舎に移転しているものの、33パーセントの101人に留まり、野球部は休部というよりも解散したといったほうがよい。

以上のことは他の小・中学校の野球以外の部活も同じであり、各校とも部員が少なく存続が危ぶまれている。

たとえば、昨年の6月だった。原町第三中学校の野球部員は5人だったため、最大の思い出となるはずの中学体育連盟の大会に出場できなかった。このことを知った私は、昨年の7月初旬だ。県の中体連本部に抗議の電話を入れた。

「一昨年は5校の連合チームで出場していたと聞いていますが、それなのに何故に今回は出場できる対策を考えなかったのですか？」

その返答の第一声がこれだった。

「その話は、いま初めて聞きました……」

野球の灯りは消さないぞ！

この思いは3・11後の南相馬市の野球関係者の決意である。

保育園・幼稚園の実状も記述したい。3・11前の南相馬市には公立・私立の保育園・幼稚園が27ヵ所あり、0歳児から5歳児までの2340人の園児が元気に外を走り回り、お絵描きをしつつ無邪気に遊んでいた。しかし、昨年の5月1日時点では園児数も786人の34パーセントに減少し、実に12ヵ所も休園に追い込まれてしまった。若いお母さんとお父さんたちは、放射性物質で汚染された故郷に戻りたくとも、戻れないのだ。

3・11から1年目の翌日。昨年の3月12日の午後に私は、原町区橋本町の「さゆり幼稚園」を訪ねた。園長のライモンド・ラトゥールさんと、教務主任の鎌田文代さんが快く取材に応じた。震災前の園児は71人だった。

ラトゥールさんがいった。

「3月11日から、数えて235日ぶり、11月1日でした。避難先から戻ってきた13人の子どもたちと、ここで再会しました。アンパンマンの着ぐるみ姿になって迎えた先生もいたんですが、朝の9時にみんなで『おはよう！』と挨拶した途端、もう13人はカケッコを始めました。もう走る、みんな走る。もう走ることが一番楽しいという感じでした。翌日はリレーごっこ。もう走ってばっかりです……」

鎌田さんもいった。

「でも、正直にいうと、一方では悲しい思いも抱きましたね。13人全員ではないんですが、子どもたちは県から配布された放射線量を計る、ガラスバッジを首からぶら下げていますから……。子どもたちは喜んでいるみたいですが、なんか『モルモットにされているなあ』と……。それに子どもたちは『お外でのお遊びはだめなんだよね』と、口癖のようにいいます。ある日、窓から外を見ていた園児が、私に『あれ、先生、放射能が見えたよ』って。『えっ、見えるの？』と聞いたら『そうだと思ったんだあ』って……。『放射能』という言葉を、幼い子どもたちが日常的に口にする。悲しいです……」

幼い子どもたちも放射能に脅えているのだ――。

先に述べたように私は、大震災と原発事故勃発から2ヵ月後の5月初旬に被災地の故郷に出向いた。以来「原発禍におけるスポーツ」をテーマに取材を続けている。とくに心が痛かったのは、原発事故により外遊びができなくなった子どもたちの苦悩であった。

「子どもたちは鬼ごっこもできません……」

飯舘村の草野小学校の教頭である山本秀和さんは、私に証言した。

3・11から半年が過ぎた頃だったという。ようやく避難先の体育館が使用できるようになり、2年生の児童20人を前に山本さんは聞いた。「何やりたい？」「鬼ごっこ！」「よし、みんなでやろう！」。子どもたちは一斉に走りだした。

ところが、鬼ごっこをやりはじめると8人がつぎつぎとぶつかった。それだけではなかった。廊下を歩いていても正面衝突をしてしまう。その原因は、もちろん成長過程の大事な時期に半年間も自由に遊べなかったからだ。それに栄養不足にも問題があった。避難所の給食は炊き出しのおにぎりと食パン・イチゴジャム。牛乳が中心で、野菜や魚貝類などは放射能物質に汚染された可能性があるため、煮物や汁物などの献立はなかった。児童が笑顔を見せたのはカレーライスがでたときだったという。

山本さんはいった。

「子どもたちはストレスが溜まるだけでなく、肥満・骨密度の減少・筋力の低下・抑鬱《よくうつ》傾向・自己有能感の減少も懸念されます。もう将来のことを考えると心配でなりません……」

子どもたちの身体と心が危ない！

私は取材に拍車をかけた。「南相馬少年野球団」のこの2年間を追いながら「原発禍におけるスポーツ」の実態をレポートしたい。

第1章

南相馬少年野球団の決意

†放射能で「長嶋旗争奪戦」も中止となった

「そのグローブは、いいはずだぞお！」

「帰りは走って帰りたいのかあ！」

「打球から、絶対に目を離すんじゃない！」

「もうちょっと前で捕ったほうがいいぞ！」

「反省を込めての、ラスト3球だ！」

「忘れないための、あと1球！」

つぎつぎと容赦のない檄《げき》が浴びせられる。そのたびに少年たちは腰を低く構え、真剣な眼差しで守備練習を繰り返す。

3・11からちょうど11ヵ月目。昨年の2月11日の土曜日だった。南相馬市から国道6号線で北へ約30キロ地点の、4面から成る相馬市光陽グラウンド。2キロほど北方向には東北電力新地火力発電所の白い煙突が見える。天気は快晴。遠くにはうっすらと雪化粧した阿武隈《あぶくま》山系を望むことができる。しかし、思わず身体を硬直させるほどの冷たい北風が吹き抜け、ときおり前夜に降った雪が宙に舞う。気温はプラスを保つのがやっとだろう。

そのような真冬の厳しい天候にもめげず「南相馬ジュニアベースボールクラブ」の16人の少年たちは、朝の9時から午後2時過ぎまでボールを追い、バットを思いきり振った。身体が熱くなり、ネックウォーマーが必要ないほど動き回った。昼は保護者のお母さんたちが用意したおにぎりを手に、トリカラを食べ、あつあつのポタージュスープをすすった。私もご相伴にあずかった。隣では南相馬ジュニアベースボールクラブの監督・宮本清典さんが、おにぎりを食べている。チームを率いてすでに9ヵ月が過ぎ、常に相双地区の大会で優勝を狙えるチームに仕上げてきた。

「やっぱり、週に2日、いや1日でもいいんだよね。こうして土のグラウンドで練習してると、まったく子どもたちの動きは違うんですよ。去年の6月に初めてここでやったときは、1年先はどうなるか予想もつかなかったんだが、練習できるだけでも満足だね……」

ここまで語ると、宮本さんは一拍置いた。何故か今度は不満そうな顔を見せつついった。

「でもなあ、心配なんですよね……」

「心配？　何かあるんですか？」

しかし、宮本さんは目を細めて頷《うなず》くだけだった。おにぎりを手にグラウンドのほうを見ていた……。

南相馬市には小高区の鳩原《はつぱら》小学校を除いた15校それぞれに野球チームがあり、スポーツ少年団に加盟している。

■原一小ジュニアメッツ（原町第一小学校）
■原二小F・ラークス（原町第二小学校）
■原三小SFブルーインパルス（原町第三小学校）
■原三小シャークス（原町第三小学校）
■高平シーサイド（高平小学校）
■大甕《おおみか》チャージャーズ（大甕小学校）
■太田ワンダース（太田小学校）
■石一小あぶくまファイターズ（石神第一小学校）
■石二小ライガース（石神第二小学校）

以上の9チームは、原町区（旧・原町市。2006＝平成16年に原町市・小高《おだか》町・鹿島町が合併し、南相馬市となった）にあり、小高区にはつぎの2チームがある。

■金房《かなぶさ》野球スポーツ少年団（金房小学校）
■小高野球スポーツ少年団（小高小学校と福浦小学校の連合チーム）
そして、鹿島区の4校には——
■真野リトルジャイアンツ（真野小学校）
■八沢ファイターズ（八沢小学校）
■鹿島ジャガーズ（鹿島小学校）
■上真野ファイターズ（上真野小学校）
以上の4チームがあるのだが、鹿島区の場合は部員9人以下のチームもあり、県大会につながる試合のときは4チーム連合の「鹿島野球スポーツ少年団」として出場している。

ともあれ、少子化といわれても南相馬市は少年野球が盛んであり、相双地区の少年野球を支えてきたといっても過言ではない。大会も毎月のように開催されていた。ちなみに南相馬市を中心に2市7町3村から成る、相双地区には49の小学校があり、スポーツ少年団に加盟するチーム数は38である。

球春到来の3月——。

まずは、毎年3月末には南相馬市の4面ある北新田運動場に、相双地区のチームが一斉に集合する。3日間にわたり「福島クボタ杯」が開催され、シーズンインを迎えるからだ。その後は毎週のように試合が続く。北新田運動場だけでも4月2週目からは「南相馬市リーグ戦」が毎週日曜日に開催。5月には「南相馬市教育長杯」「長嶋旗争奪戦」などがある。6月と7月にはジュニア育成と指導者育成、さらに実戦を兼ねた野球教室「選抜練習会」が毎週日曜日に行われる。

そして、後半の7月半ばから9月にかけては「南相馬市長旗杯」「南相馬市少年野球連盟会長杯」「南相馬市総合体育大会」がつぎつぎと開催される。また、夏休み期間中には、東京・杉並区の少年野球チームを招待し「杉並交流会」を行っている。この交流会は杉並区の少年野球チームの監督を務めていた南相馬市出身者が、毎年夏休みにチームを率いて遠征。そのときに親善試合をしていた縁で、1974(昭和49)年から正式に始まったのだ。また、交流会が契機となって杉並区と南相馬市が災害時相互援助協定を結び、3・11の際に杉並区は区民から約3億円の義援金を募る一方、多くのボランティアが南相馬市を訪れてくれた。

続いて9月には3年前から杉並区と茨城県取手市の少年野球チームを招待しての「杉並区・取手市・南相馬市交流自治体少年野球大会」を開催。秋に入ると岩手・宮城・東京の

相馬市の光陽グラウンドで練習
（南相馬ジュニアベースボールクラブ）

南相馬ジュニアベースボールクラブのコーチ門馬一弘さんと、
本猪木亘さんのノックは容赦しない

原町ジュニアメッツ監督・佐藤英雅さんの「元気さにだけは、
上手い下手はないんだぞ！」「いつもグラウンドに感謝しよう！」
の檄に全員が頷く

南相馬ジュニアベースボールクラブのメンバー 16 人が集合
（2012・2）

原町ジュニアメッツの練習

鹿島野球スポーツ少年団の監督・鎌田一宏さんと選手たち。
たった１つの願いは「狭くともいいから、練習場が欲しいです」

チームも出場する「相馬野馬追《のまおい》旗杯」が3日間にわたって盛大に行われる。さらに、10月に入ると「南相馬市少年野球連盟新人戦」「フレスコ杯」などが開催され、ようやくシーズンオフを迎えるのだ。

しかし、3・11がすべての大会を奪い、少年野球のメッカ――北新田運動場は、瓦礫置き場になってしまった。

南相馬市少年野球連盟事務局の只野実さんは、震災が起こった年の「平成23年度南相馬市少年野球連盟日程表」を恨めしそうに見つつ、私を前に語った。

「この日程は3・11で、すべてパーになってしまった。3月26日土曜日のクボタ杯の開幕戦を控えていたのにねえ。この2年間は南相馬市主催の大会はまったくできない。この『長嶋旗争奪戦』は、たしか1990（平成2）年の秋だったかな、長嶋茂雄さんが堀内（恒夫）さんと、亡くなった土井（正三）さんを連れて……あのときは原町市だったけど、この原一小の体育館で野球教室をやってもらったときがあった。そのときに長嶋さんが『ギャラはいらないから、少年野球に役立てて欲しい』といってくれて、そのお金で優勝旗をつくり『長嶋旗争奪戦』を始めた。その長嶋旗も持ちだすことはないし、さびしいよね。南相馬もプロ野球といったら巨人だし、長嶋さんだからね。大会のたびに盛り上がっていたけど、もう2年もやってない。すべては原発事故だよなあ。天下の長嶋さんだって放射能には勝てないし……」

原発事故発生と同時に子どもたちは、家族とともに県内だけでなく、県外にも避難した。当然、チームはばらばらになってしまった。そのため「南相馬の少年野球を救え！」を合言葉に、指導者や保護者たちが奔走。各地に避難している保護者たちと連絡を取り合い、3・11から3ヵ月後の6月。6年生を主体とした選抜チーム「南相馬市少年野球教室」と、新たに5年生以下で結成された「南相馬ジュニアベースボールクラブ」の2つのチームが発足したのだ。

†南相馬ジュニアベースボールクラブ誕生

再び昨年の2月11日。相馬市光陽グラウンド――。

南相馬ジュニアベースボールクラブを率い、太田ワンダースの監督でもある宮本清典さんは、残りのおにぎりをたいらげた。そして、間を置いてからいった。

「……前にもいったと思いますが、心配なんです。実は、ここのグラウンドの外野は（毎時）０・５マイクロシーベルトで、その辺の草むらはもっと高い。南相馬よりも高いところもある。でも、相双地区の少年野球大会はこのグラウンドしか使えないため、私らは子どもにここでやらせなければならない。相馬市は好意的に『いつでも使ってください』といって貸してくれるしね。それには感謝しているんですが、複雑な思いです。本当にここで子どもたちに野球をやらせていいのか。ここでやらせたことが原因で、何年か後に子どもたちの身体に異常が起こったらと思うと、心配なんです。一応、私ら保護者は納得しているんですが、ここよりも放射線量が低い地元の南相馬では野球ができなくて、線量が高いここではできるんですからね。南相馬では米は作れないのに、こっちは作れる。なんかおかしいですよ。原発に近いから危険だ、遠いから安全だということではないと思うけどね……」

宮本さんの心配事は、放射線量についてであった。このことは保護者にとっても一番の心配事であり、悩みでもある。宮本さんは原発事故以来、常に放射線量計を携帯。この日の練習前、外野を歩きながら計測したところ毎時０・５マイクロシーベルトだったのだ。でも、やっぱり子どもたちに大好きな野球を思いきりやらせたい——。

11ヵ月前の３・11。地震と津波の自然災害による被害は受けなかった宮本さんだったが、原発事故の人災には憤りを感じた。なにせ自宅は福島第1原発から北に20・05キロメートル地点。わずか50メートルほどの差で全員避難の警戒区域は免れた。しかし、家族への被曝を恐れたのは当然だった。すぐさま近くの太田小学校に避難させ、子どもたちに外にでることを禁じた。さらに原町第三小学校の体育館に逃げ、落ち着く間もなく相馬市の40キロほど離れた旧・相馬女子高校に避難した。しかし、そこは耐震基準を満たしていない校舎ということで退去を余儀なくされ、福島市飯坂町の避難所に向かった。実に3ヵ月間に4ヵ所の避難所を転々とした。

その間、南相馬市の勤務先に車で通っていた宮本さんだが、家族の元に帰るたびに悩んだ。太田ワンダースの選手で5年生に進学したばかりの克典君が、口を尖《とが》らしていってきたからだ。

「なんでぼくらは野球ができないんだ?」

そう訴える息子に、父はいった。

「ゲームは飽きたのか?」

「ゲームなんかより野球がしたいんだ」

そのような父子の会話は何度も繰り返された。

当時を、宮本さんは語った。

「ワンダースの仲間は、家族とともに秋田や山形、新潟、神奈川などに避難したしね。野球どころじゃなかった。でも、息子に『野球がしたい。何でできないんだ?』と聞かれたときは、その言葉にドキッとしましたよ。このまま大好きな野球をさせなかったら、息子たちはどうなるのかと……。チームは前年秋の市内の新人戦で優勝していたし、本当に野球が好きになってきたところだった。まあ、ワンダースだけの野球は無理だとしても、原町区のチームだけでもいいから連絡してみるべきだと思い、つぎつぎと携帯で知り合いの保護者たちに連絡を取ったんです。その結果、28人の子どもたちの保護者が賛同してくれた。嬉しかったですね。子どもたちは『みんな一緒に南相馬で野球をやりたい』といってくれたし、保護者たちも『南相馬から少年野球の灯りを消したら自分たちの責任だ』とまでいってくれましたから……。そこで事務局と話し合い、最後の1年間の思い出づくりのためにも、6年生だけのチーム『南相馬市少年野球教室』と、それに南相馬の少年野球を存続させるためにも、5年生以下の『南相馬ジュニアベースボールクラブ』を新たに発足したんですね。28人で1チームを結成すると、どうしても8人はベンチ入りができなくなる。ベンチ入りは20人までですから。そういった事情もあり、2チームにしたんですね」

こうして「南相馬ジュニアベースボールクラブ」は、宮本さんが監督に就任。コーチは高平シーサイド監督の門馬一弘さんと、大甕チャーチャーズ監督の本猪木亘《もどぎ》さんの2人が務めることになった。もう1つの6年生主体の南相馬市少年野球選抜チーム「南相馬市少年野球教室」のほうは、原一小ジュニアメッツ（現・原町ジュニアメッツ）監督・佐藤英雅さんが率いることになった。

まずは、南相馬ジュニアベースボールクラブはスタートを切った——。

初めて練習をしたのは3・11から2ヵ月半ほど経った6月1日。場所は相馬市光陽グラウンドだった。避難先から子どもたちは保護者とともに駆けつけた。

コーチの門馬一弘さんが当時を振り返った。

「正直いって、早くチームを結成してよかったと思いましたね。それというのも練習を開始し、ノックを始めた。グローブを手にするのは久しぶりだろうと思ってね、本当に捕球しやすいボールをノックしたのに捕れない。3・11前は、あれだけさばけていたのに、送球してもとんでもない方向に投げてしまう。普段なら『飯抜きだぞ！』とか『走って帰れ！』などと怒鳴ってしまうけど、思わず『えっ？』という感じで絶句しちゃって、言葉もでなかった。福島の郡山に避難していた、当時4年生だった息子の楓《かえで》も同じでね、満足に投げられない。普通にキャッチして投げればいいものの……。『2ヵ月以上野球をやってないと、こんだけできなくなるの？』と感じてしまった。それも時期的に3月で『さあ、これから野球が始まるぞ！』という、大事なときに2ヵ月以上も野球ができなかったしね。だから、たしかに2ヵ月半の空白は大きかったけど、もっと遅れていたらどうなっていたか、そう考えると怖くなってしまった……」

監督の宮本さんもいった。

「私も2ヵ月以上練習も試合もしないと、こんなにも下手になってしまうのかと驚きましたね。よく1日練習をさぼったら、取り戻すのに3日かかるといわれるけど、それ以上でしたから。それに当たり前のことなんですが、選手全員がユニホーム姿で白いマスクをしていた。その格好を目にしたときは、ちょっともう目頭が熱くなってしまった……。まあ、3・11前のシーズンは、オープン戦を入れれば年間80試合くらいやっていたけど、あんなにも野球ができることを喜び、感謝したのは子どもも私も初めてでしたね……。いまも同じだけど、みんな家族がばらばらになっている状態の中で、保護者たちは悩みながらも子どもたちに野球をやらせてくれている。やっぱり、これが『絆』だと思った。野球を通じて親と子、子と我われの間に絆が芽生えた。そう私は感じています。……本当に放射能は怖い。なんでこんな最悪の状況にしてくれたんだと思う。でも、子どもも保護者もみんな一緒になって、腹をくって野球に取り組んでくれている。絆がなかったらできないですよ……」

南相馬ジュニアベースボールクラブは、ただ単に子どもたちの「野球をやりたい！」という強い希望を叶えるため、保護者たちが「野球の灯りを消すな！」の決意で発足したのではない。それは原発事故が収束していない現実と対峙。「腹をくくり」「覚悟を決めて」3・11と向き合う、新たな挑戦といってもよい。

†避難した野球場で津波に襲われた……

そして、もう1つの「南相馬市少年野球教室」の場合は——。

3・11後に6年生だけで結成された南相馬市少年野球教室の子どもたちと保護者の思いも同じだろう。

福島第1原発から半径20キロ圏内。全域が警戒区域となり、全住民避難が余儀なくされた小高区の状況は深刻だ。とくに小高小と福浦小の連合チーム「小高野球スポーツ少年団」

の子どもたち30人は、ばらばらで離ればなれになってしまった。かろうじて6年生の3人は避難先が南相馬市内ということでチームに参加できたが、その他の選手は県内や県外に避難してしまった。

「30人の子どもたちは、結果として全員無事でした。しかし、3月12日の夜、たしか6時半頃に政府は原発事故により、避難区域を10キロ圏内から20キロ圏内へと拡大したため、小高区には避難指示が出された。そのため、安否確認ができたのは3月末でしたね。30人の子どもたちの家族の避難先は、大阪・京都・長野・茨城・栃木・新潟・宮城県とさまざまで、半数は県外です。私の家族は、いまも会津若松に避難し、いつ南相馬に戻れるかはわかりません……」

そう語るのは、南相馬市役所職員であり、小高野球スポーツ少年団のコーチを務めた門馬修一さんだ。続けて当時を語る。

「3・11を振り返れば、いまもぞっとしますね。私の場合、農林水産課の職員のために津波警報発令と同時に、公用車で避難を呼びかけながら海側の渋佐地区に行ったんですが、午後3時半頃でした。真っ黒い津波が南方向から迫ってきて……。もうつぎつぎと家屋がほこりを上げて潰れ、鉄塔が倒れてね。送電線から雷のような火花が散った。もうハンドルを握りながら腰が抜けちゃって……。バックミラーを見ると、津波が追いかけてくる。あと1分、いやあと30秒逃げるのが遅れていたら、たぶん死んでいましたね。脱輪でもしたら間違いなく津波にのみ込まれていた。とにかく『死んでたまるか!』という思いだった。海岸方向に行く車もあって、クラクションを鳴らしましたね。『バックしろ、バックだ!』って叫びながら……」

そのような死と向き合った恐怖から2年が経った。子どもたちはどうしているのだろうか? 門馬さんが説明する。

「避難先から帰らない子どもたちが多いと思います。この2年間での思い出といえば、3・11の年の12月22日に二本松市で、現在の中学2年生の卒団式を兼ねた紅白試合をやり、夜は岳《だけ》温泉に泊まったことですね。久しぶりに会ったということで、夜中の2時頃まで遊んでいた。大阪と京都に避難した子どもは欠席しましたが、避難先で野球をつづけているのは20人くらいです。私の息子を始めとした6人の中学2年生(現・3年生)は、野球部に入っていますが、今の5年(現・6年)、6年(現・中学1年生)、中学1年生(現・2年生)は途中からチームに入ったため、保護者も含めて戸惑いもあったと思います。とにかく、野球はつづけて欲しいですね。3・11の前年の夏の新人大会で勝って、県大会出場を決めていたチームでしたから……」

ここまで語ると門馬さんは一呼吸してから、さらに続けていった。

「私には中2（現・中3）の娘と、中1（現・中2）と小4（現・小5）の2人の息子がいます。3人の子ども、とくに野球をやっている息子には強くいいますね。たとえば、一緒にお風呂に入ったとき『おまえたちと同じ年代の多くの子どもたちが亡くなっている。だから、きちんと生きなければならないぞ』ってね。3・11後の5月に私は息子を連れ、海側の渋佐地区に行ったときも、やはり息子たちに『もしかしたら、ここでお父さんは死んでいたかもしれない。命は大事なんだ』といいました。国道6号線の原発から20キロ地点にある検問所を見せたり、鹿島区の『みちのく鹿島球場』にも行きました。野球場に避難した人も亡くなっていますからね。それに不思議なんですが、私たちがくるのを待っていたかのように、小高のチームのホームベースを球場内で見つけたんです。思い出の物ですから持ってきました……」

みちのく鹿島球場――。

南相馬市鹿島区は、もっとも原発から距離が離れていて、30キロ圏外の地域が多い。が、地震と津波による死者・行方不明者は160余人に及び、海岸から1・5キロも離れているみちのく鹿島球場に避難した住民も犠牲者となっている。

その悲惨な状況は序章でも触れたが、3・11直後に救助のために現場に直行したのが、「鹿島野球スポーツ少年団」監督の鎌田一宏さんで、南相馬消防署鹿島分署勤務のレスキュー隊員だったからだ。

その日の鎌田さんは福島市での研修を終え、修了式に臨もうとしていた、そのときに地震に遭った。当然のごとく修了式は中止。車を飛ばして約1時間半で鹿島区の自宅に戻り、家族の安否を確認。その後は仲間の署員とともに生存者の救助と遺体捜索の任務を遂行。瓦礫と泥水の中を手さぐり状態で一歩ずつ進み、避難場所に指定されているみちのく鹿島球場に着いたのは真夜中だったという。グラウンドは瓦礫と土砂で埋まり、足を踏み入れることができないほどの惨状だった。鎌田さんはあらん限りの声を張り上げた。

「救助にきたぞお！」

するとスタンドの上に人影を確認することができた。命からがら押し寄せる津波を逃れ、グラウンドからスタンドによじ登った人たちだった。上半身裸のパンツ姿の人もいた。再び鎌田さんは声を張り上げた。

「グラウンドには何人くらいいるんだあ？」

その言葉に救助を求める男は、憔悴《しょうすい》した声でいった。

「20人くらいでねえが、もっといるかも知んねえだ……」

なんで避難所の野球場で死ななきゃならないんだ――。

鎌田さんは、当時のせつない思いを語った。

「その夜はグラウンドに入ることはできなかった。土砂はフェンスほどの高さまであって、どうしようもなかった。数日後に土砂を取り除くと何人もの遺体がでてきた……。私の場合、交通事故などで何度も惨《むご》い遺体は見ているため、手足のない遺体を目の前にしても驚かないですね。しかし、何体もの遺体を同時に見るのは初めてだった。それも泥にまみれた黒々とした遺体は……。遺体を見た後は飯など食べられず、吐いてしまうだろう。と、よく一般の人から聞かれるけど、3・11のときは物資もあまり入ってこなかった。そのため口にするのは炊き出しのおにぎりくらいで、正直いって吐く気力もなかったですね。一刻も早く瓦礫の中から遺体を見つけること。それがレスキュー隊員の任務ですから……」

まさに鎌田さんは、不休不眠で遺体捜索の毎日を送った。

相馬高校野球部出身の鎌田さんが、少年野球の指導者になったのは7年前。この春に鹿島中2年生に進学する長男の宏太君が八沢小2年のときに「八沢ファイターズ」に入団してからだ。以来、監督を務めている。次男の慎吾君がメンバーになったときは団員が9人以下のため、鹿島区の小学校との連合チーム「鹿島野球スポーツ少年団」が結成された。その際も保護者の強い要望でチームを率いることになった。

そして、3・11後は？

「野球どころじゃなかったんですが、2ヵ月ほど経った頃に原一小ジュニアメッツ監督の佐藤（英雅）さんに『一緒に南相馬市少年野球教室のチームでやりませんか？』と誘われて、それで6年生8人に声をかけたら4人が参加したいといってきた。私の長男の宏太も入れてね。週に2回ほど原町区のバッティングセンターを開放してもらって練習を始めたんですが、野球を続けることができただけでも子どもたちにとってはよかったと思いますね。それで8月の夏休み期間中に避難していた子どもたちが戻ってきたもんで、南相馬市少年野球教室のチームを離れ、元の鹿島野球スポーツ少年団として活動することにしたんですね。ただ問題なのは練習する場所です。学校側は『外ではできるだけ遊ばせないでください』といってくるし。雪が降ったときは放射線量は影響しないということで、校庭で遊ばせたようですけどね。しょうがないから3・11後は、息子2人とここの庭でよくキャッチボールをした。楽しみといえば、それくらいだったかな……」

鹿島区の自宅で鎌田さんは取材に応じた。初めは穏やかに語っていたが、その口調は徐々に厳しくなってきた。

「いまは6年生が8人、5年生が6人、4年生が3人、3年生が1人で18人かな。試合はできるけど、問題は6年生が卒業した後だと思う。何人入ってくるか……。それに練習場がなくなったことも問題だ。鹿島区には鹿島小学校の近くに千倉グラウンドがあって、そこは唯一の照明塔付だったけど、3・11後すぐに仮設住宅が建ってしまったしね。その千倉グラウンドで練習して、みちのく鹿島球場で試合をするのが鹿島野球スポーツ少年団の子どもたちの夢だったんですよ。しかし、もう犠牲者をだしたみちのく鹿島球場で野球をしたいという子どもはいないし、私らも正直いってやらしたくないですからね。犠牲者にも失礼だと思うし、第一に浮かばれないですよ。……この2年間やってきて思うのは、ときたまでいいから子どもたちに勝たせてあげたかった。やっぱり、他のスポーツも同じだと思うけど、野球って勝たないとつまんないし、子どもたちもやる気をなくしますから。そのためにも練習場がないとどうにもなりませんよ……。まあ、私は次男の慎吾が卒業する、この春に監督は辞める予定なんですけど、最後に市役所に嘆願書をだしたいと考えています。本当に鹿島区には野球する場所がないんだから、1か所くらい確保してくれてもいいはずなんです。鹿島野球スポーツ少年団の会長の桑折博さんも同じ考えだといってい ましたからね。署名運動なりして、市役所にわかってもらわないと困るんです」

そう語る鎌田さんの隣では、長男の宏太君と次男の慎吾くんが父の言葉に頷いていた。

†砂場のような校庭で練習する

「原一小ジュニアメッツ」監督であり、「南相馬市少年野球教室」の監督を務めた佐藤英雅さんのこの2年間も厳しいものだった。ひと言でいえば「ジェットコースターに乗ってる感じだった」という。とにかく、1ヵ所に落ち着くことのない生活を余儀なくされたのだ。

3・11のときの佐藤さんは、自宅の壁にひびが入った程度だったため「まあ、大丈夫だろう」と思った。が、時計の針が午後5時を回ったあたりから、状況は変わってきた。まず、自宅から車で5分とかからない場所にある、老人保健施設のヨッシーランドが津波に襲われたという話が聞こえてきた。初めは「そんな馬鹿な。あそこは海から2キロも離れてっぺ」と信じることはできなかったが、すぐに「まさか！」と思った。テレビをつけると仙台空港まで津波が押し寄せ、飛行機が流されている映像が映しだされていたからだ。「もう『何だ、これは大変だ』ということで、だんだんと状況がわかってきた。病院で働いてる嫁さんが『ヨッシーランドの患者さんが病院に避難してきた』といってきたしね。そのうちに『どうも原発がやばい』といった噂も聞こえてきたので、翌12日の昼頃に家族に『大丈夫だったら戻ればいい。とりあえず、西のほうに行くべえ』と……。後で『何で放射能で汚染された飯舘村の方向に行ったんだ？』と聞かれたけど、海岸線沿いの国道6号線は通れないため、北の仙台方向には行けない。当然、南には行けないし、西方向しか行くところはなかったからね。じいちゃんは『俺は家に残る』というんで、私とばあちゃん、子ども3人を連れて家をでた。まずは西のほうの飯舘村に行った。それで2時間ほど経った頃だね。同級生から『原発が爆発したべ』という連絡があって、これはもっと遠くに逃げたほうがいいと……。まあ、昔から原発で事故でも起きたら半径30キロ圏内の南相馬のこの辺りも、ほとんど駄目だべと思っていたしね。そこで阿武隈山地を超えて、福島市に行けば大丈夫だと考えた。ところが、運悪く知人は留守で、しょうがないから伊達市の知人宅に2晩ほどお世話になり、そこで病院の仕事を終えた嫁さんと合流した。それでそこから新潟に行って、コンビニで食べ物を買おうと入ったら何でもあってね。『こっちは別世界だなあ』という感じだった。ガソリンも買えたしね」

そう当時を振り返る佐藤さんは、さらに新潟から東京に行き、3月末まで過ごし、4月初旬に山形県米沢市に借上げ住宅を確保。まさにジェットコースターに乗ったようなめまぐるしい日々を送った末、ようやく落ち着くことができた。続けて佐藤さんは語る。

「まあ、米沢は寒くって雪も多かったけど、放射線量も南相馬と比べたらまったく低いし、一応、落ち着くことができた。私は自営業のため南相馬に通ったけど、当時3歳の次男はばあちゃんが面倒を見てくれたしね。6年生の長男の大広《たいこう》、4年生の長女の晴《はる》の2人は、米沢の小学校に転校させることもできた。まあ、落ち着くと2人ともジュニアメッツの仲間たちと野球をやりたいといってきた。私自身もジュニアメッツの出身だし、チームは絶対に潰したくない。ところが、メンバーを集めるにしても18人ほどいた子どもたちはあっちこっちに避難してしまい、もうばらばらになっていた。そこでいろいろと事務局の只野さんたちと話し合った末に、他のチームの6年生にも声をかけ、南相馬市少年野球教室を発足して、私が監督になったということだよね」

こうして原一小ジュニアメッツを中心に、8チームから編成された南相馬市少年野球教室はスタート。左胸に南相馬の「M」のイニシャルが大きく刺繍《ししゅう》され、その下に「SOM

A」のロゴが入り、左袖には「がんばろう　南相馬」のオレンジ色のワッペンが付いている、白いユニホームを着た17人は、南相馬ジュニアベースボールクラブよりも1ヵ月ほど早く結成。3・11から約2ヵ月後の5月の連休から活動を開始し、青森県・山形県・宮城県・茨城県・埼玉県のチームから招待され、遠征試合を繰り返した。夏休みの期間には災害時相互援助協定を交わす東京・杉並区の招待で「杉並交流大会」にも出場した。

「30キロ圏内の南相馬では日頃の練習はできないため、屋内でできるバッティングセンターを借りた練習くらいで、試合のときはいつもぶっつけ本番でしたね。とにかく、選手には試合で負けるのはしょうがない。だから『元気さだけは負けるな!』とハッパをかけていましたね」

そう語る監督の佐藤さんは、6年生が引退した後は原一小ジュニアメッツを「原町ジュニアメッツ」に改称。連合チームを発足し、南相馬ジュニアベースボールクラブとともに南相馬少年野球を支えている。

「夕方からこうして練習をしているけどね、なんぼ除染したといってもこの砂場のような校庭じゃどうしようもない。ボールも満足に弾まないし、ここ最近は風も強くなって、砂も飛んでしまう。レフト側には除染で表土を削った土壌が埋めてあるしね。最近までは柵があって入れなくしてあったけど、いつのまにか柵を取り外してしまった。放射能は大丈夫だってことだと思うけど、そうは思えないよなあ。放射能に慣れてしまったのかもしれない。マスクをしている子どもも少なくなったし……。まあ、チームを続けるのは至難の業といってもいいんじゃないかなあ。6年生が抜けるとメンバーは5人になるし、来年の4月まで4人以上集めないと……。『ジュニアメッツは絶対に潰さないぞ！』という強い思いと決意でやる他ないいんですよ」

昨年の11月初旬。放課後の原一小の校庭を訪ねた私に、佐藤さんはアップを始めた子どもたちに視線を送りながらいった。

そして、こう付け加えた。

「ジュニアメッツの監督に就任したのは、長男の大広が6年に進級するときだったけど、3・11が起こってしまった。かなり力が入っていたんだけどね。まあ、その3年前からコーチをしていて、それなりに子どもたちを教える指導法もわかってきた。けっこう難しいんですよ、子どもを教えるのは。小学生の場合は、すべてにおいてゼロスタートだし、何が起きてもおかしくないからね。打ったら三塁方向に走ったり、話していると眠ってしまったり。ルールも教えなければならないしね。野球は面白いスポーツなんだ、ということをわかってもらわないと……。そういった指導法をこっちはわかってきた矢先に『ドカーン！』だから。すべては原発事故だよなあ。まあ、いまさら怨《うら》んでもしょうがないんだけどね……」

第2章

放射能と戦う保護者たちの苦悩

†原発爆発で「俺の人生終わった」

原発事故により、政府は災害対策基本法を適用。東京電力福島第一原発から半径20キロ圏内を警戒区域とし、立ち入り禁止とした。そのため原発から南相馬市に通じる、国道6号線を始めとした主要道路の20キロ地点には検問所を設置。各都道府県から派遣された警察官が、24時間態勢で詰めている（２０１２年４月以降からは検問所は10キロ地点に。さらに２０１３年3月からは5キロ地点に移転している）。その地点に私は南相馬に行くたびに出向く。

３・11から3ヵ月目を迎えた6月初旬。「南相馬ジュニアベースボールクラブ」と「南相馬市少年野球教室」の練習が始まった頃だ。春が過ぎ、もうすぐ初夏を迎えようとしていても状況は変わらなかった。「災害派遣」と書かれた、自衛隊のブルドーザーやクレーン車を積んだ大型特殊トラック、装甲車、除染車、ジープなどの車両が、国道6号線をひんぱんに行き交っている。その光景は、まさに牧歌的だったこの地の住民を蹂躙《じゅうりん》し、すべての日常が奪われたことを表していた。

そのような光景を見ながら私は思った。１９８６（昭和61）年のチェルノブイリ原発事故の際、旧ソ連政府は30キロ圏内の住民の強制避難を命じたが、日本政府は何を根拠に20キロ圏内にしたんだろう、と。また、腹が立ってしまうというよりも呆《あき》れたのは、それは現在も変わらないが――原発方向からくる車両は検問所で一旦は停止するものの、車両は除染されることなくそのまま南相馬市の方向に走り去ることだ。

新たに放射能をまき散らしているのではないか――。

ともあれ、検問所に隣接するコンビニ前の駐車場。そこでは陸上自衛隊大宮駐屯部隊から派遣された除染車両に乗る、自衛官たちが白い防護服に着替えていた。私は「ご苦労さまです」と挨拶し、おもむろに尋ねた。

「放射能、怖いですよね？」

初めは緊張顔を見せつつも、若い20代の自衛官が応じた。

「私も人間です。放射能は目に見えませんから、本音をいえば怖いです。でも、任務ですから行かなければなりません……」

「でも、やばいと思ったら逃げたほうがいいです」

「いや、それは……」

そういって若い自衛官は、頬を緩ませた。

それよりも3ヵ月前の3・11。一夜明けた3月12日の午後3時36分だった。まずは福島第一原発1号機建屋で水素爆発が発生。つづいて2日後の14日午前11時1分に、3号機建屋が爆発した。世界中を震撼《しんかん》させた大惨事である。

すべてはここから始まった——。

その3号機が爆発する1時間20分ほど前の午前9時40分頃だ。南相馬市役所庁舎内を、迷彩服姿の自衛官が「また原発が爆発するぞ。100キロ圏外に逃げろ！」などと叫びながら各階を走り回り、市職員たちに知らせた。同時に市役所屋上でアンテナなどを設置していた、自衛官たちはあっという間に遁走《とんそう》するように撤退したという。この光景は市役所に安否確認のためにきていた住民たちも、少なからず目撃している。

もちろん、すぐさま市役所2階に設けられた、市の震災対策本部の市職員は、県の災害対策本部に真偽のほどを問い合わせた。が「そんな情報も動きもない」との回答だった。

しかし、迷彩服姿の自衛官の叫び声に偽りはなく、1時間20分後に3号機建屋は爆発した。原発から北に50キロ以上離れている相馬市の住民までも「ドーン！」という不気味な爆発音を耳にし、原発から20キロ圏内の警戒区域の小高区の住民たちは、爆発時の「きのこ雲」を確認している。そのきのこ雲は「黒ずんだ細長い雲」となって、北西の阿武隈山系の方向にゆっくりと流れて行ったという。

その日、3月14日の午前——。

高平小学校の少年野球チーム「高平シーサイド」の当時コーチだった門馬一弘さんと保護者の小玉洋一さんは、3・11以来地元の消防団員としての任務に従事。その日も夜明けとともに海岸に面した泉地区や北泉地区に出向き、遺体捜索や瓦礫の撤去作業などをしていた。が、午前10時過ぎ頃だったという、消防団本部から無線が入った。

——新地町海岸沿いで津波が観測された。ただちに上がれ！

そのため急いでポンプ積載車に乗り、3キロほど内陸部に入った高平小前の消防団原町区団第四分団の屯所に引き上げた。本部からの指示がでるまで、缶コーヒーなどを飲みながら休んでいた。

そして、時計の針が11時を指してすぐだった。まさに「ドーン！」という、いままで耳にしたことがない爆発音を聞いた。同時に南方向上空に黒い煙を見た。

——間違いない。また原発が爆発したんだ。

そう団員だれもが確信したという。

「正直いって、爆発した音を聞いてね、煙を見たときは『俺の人生終わったな』と。『放射能を浴びたんだから終わりだな』と思った。それでいまさら逃げてもしょうがないしね。だったら消防団員としての任務を果たすべ、ということで再び海岸のほうに出動した。他の連中の気持ちも同じだった」

そう門馬さんは当時を語った。

一緒にいた小玉さんも続いていった。

「爆発音が『ドーン！』と聞こえ、きのこ雲というか、ちょうどタバコの煙を輪っかにしたような濃い灰色の雲が、ポッ、ポッ、ポッ、ポッ……って。30から40くらいの輪っかの雲が上空に上って、こっちの方向にゆっくりと流れてきた。だから私らは『ああ、また原発が爆発したべ』とか『あれが原発の爆発雲だべ』なんていってた。そのときの思い？何ていうか、もう爆発してしまったんだから、恐怖感なんかなかったですね。どうにでもなれという、諦めの心境だったと思う。爆発した後に本部から無線が入ったけど、内容は『太田川から北の20キロ圏外は原発事故の影響はない。大丈夫だからこのまま捜索を続けてくれ』ということで、海沿いの北泉や金沢地区に出動した。そしたら東北電力の火発

暑い日でも上下のジャージ姿に帽子・マスクをして
登・下校する児童たち

国道 6 号線を走り、福島第一原発に向かう
自衛隊の「災害派遣」と書かれた車両

国道 6 号線 20 キロ地点の検問所。
つぎつぎと第一原発の事故現場に向かう自衛隊の車両

復興を願って立てられた看板だが、その道は厳しい……

南相馬市内のスーパーマーケット
貼りだされたモニタリング検査結果

原発から 20 キロ圏内の警戒区域の自宅に一時帰宅した避難民の
荷物の放射線量を計測する東電関係者

福島駅西口前のモニタリング。周りの公園は除染したにも
かかわらず、毎時 0.36 マイクロシーベルトと高い

（火力発電所）から出火しているのが見えて、火事になってたもんで本部に通報したんだ。まあ、何か後になって考えてみると、20キロ圏外は絶対安心だっていう保証はないしね。『みんなまともじゃなかったなあ』という思いでしたよね……」

この2度目の原発爆発が契機となり、南相馬市の住民は一斉に避難することになった。原発事故が起こった際、南相馬市役所は広報車と防災無線で「外出したらシャワーを浴びてください」「窓を閉めてください」「屋内に避難してください」などと呼びかけた。しかし、これらのアナウンスは、風に流されて住民には聞き取りにくかったという。つまり、情報が錯綜《さくそう》してしまい、住民はどのような行動にでていいのかわからなかったのだ。

その点、たとえば、10キロ圏内の「原発の町」といわれる、人口約1万1000人の双葉郡大熊町の場合は、行動が早かった。いまでも真相は明らかにされていないが、複数の大熊町住民たちの話によると「国からの指示」で、3・11のその日の夕方には県内のバス会社だけでなく、茨城県のバス会社とも交渉し、50台の観光バスをチャーター。そのうち5台は双葉町の双葉厚生病院の患者搬送用に当てられ、残る45台は大熊町総合グラウンドに3月12日の朝8時頃には到着。すぐさま住民を乗せて、約40キロ離れた三春町《みはるまち》や田村市に向けて出発。さらに避難先の会津若松市に向かった。当然、その他のほとんどの住民たちも、1号機が爆発する前に車で町を離れ、被曝することはなかったという。

ともあれ、南相馬市役所が住民に避難指示をだしたのは、とりあえず1号機爆発から3日後の3月15日、3号機が爆発した翌日だった。まずは原町第一小学校、原町第二小学校、原町第一中学校、原町第二中学校、高平小学校の体育館などに避難していた小高区の住民を中心とした530人は、福島市郊外の梁川町《やながわまち》と宮城県丸森町《まるもりまち》に市役所がチャーターした、福島交通やはらまち旅行のバスで移動。大甕生涯学習センターと原町第三中学校に避難していた350人の一部は相馬市の旧・相馬女子高校に移動した。

そして、その翌日の16日夜には、7万余人の全住民に市外への避難を呼びかけた。その結果、3月20日まで毎日、派遣職員同行で4660余人の住民は、20キロ先の川俣町《かわまたまち》の道の駅まで移動。放射能を浴びた可能性のある車両は通行禁止ということで、各県が派遣した観光バスに乗り換えて県内を始め、宮城県・新潟県・群馬県・茨城県の各自治体の体育館や福祉センターなどに避難した。もちろん、原発事故発生と同時に、独自の判断で市内からつぎつぎと避難した住民もかなり多く、4万人を遥かに超えたといわれる。

こうして7万1000余人の人口の3分の2以上が県内や県外に避難。とくに全域が20キロ圏内の警戒区域の小高区はゴーストタウンと化した。また、中心地の原町区に残った住民の多くは60歳以上のすでにリタイアした人たちと、高齢者だけであった。20代の若者を始め、幼子を持つ家族のほとんどは避難した。たとえ避難していない20代から50代の者がいたとしても、それらの人たちは市内に職場を持つ者であり、週末には家族のいる避難先に帰っていた。いってみれば、放射能に脅えながらも生活のために働いていたといってよい。そのため避難せずに市内に在住する、還暦を過ぎた私の知人たちは「いまや南相馬は『姥捨《うばす》て山』になった」と自嘲《じちょう》し、揶揄を込めて「いっそ身寄りのない、年寄りたちの楽園にすればいいんでねえの」といっていた。

この時点から、外で遊ぶ子どもたちの姿は見られなくなった——。

唯一、子どもがマスク姿で走っている姿を見ることができたのは、スーパーマーケットの中だけであった。当然、大人たちがスポーツに興じる姿も見られなかった。私が取材を始めて半年間で、住民が屋外でスポーツをしている光景を見たのは、原町区の中心街にある旭公園前を通りかかったときだ。「栄町3丁目悠友会」のお年寄りたちがグラウンドゴルフを楽しんでいた。

「避難しないんですか?」

そう尋ねると、おじいちゃんは笑顔でいった。

「まあ、知らねえ土地に行ったら体調がおかしくなる。避難先で死んだら元も子もねえし、息子夫婦に迷惑をかけるべ。生きているうちに楽しまな損するでな、火曜と木曜にみんなしてやってんだ」

スティックを手に、おばあちゃんもいった。

「避難所生活で体調を崩したけど、ここに戻ってきたらよくなった年寄りもいると聞くだ。やっぱり生まれ育ったところは一番だあ。孫たちの顔を見たいけどな、きてくんねえ」

†放射能に慣れ、麻痺してしまった……

3・11の後「南相馬ジュニアベースボールクラブ」と「南相馬市少年野球教室」の保護者たちは、子どもたちとどのような行動を取ったのだろうか――。

小高商業高校時代にはソフトボール部に在籍。そのため監督の宮本清典さんに指名され、南相馬ジュニアベースボールクラブでスコアラー役を務める大和田すみれさんは、正直に「原発についての知識はゼロでした」と語る。3号機が爆発した際も「家ん中にいれば大丈夫じゃないの」と思い、太田小学校の「太田ワンダース」に所属する4年生の長男・樹《いつき》君と3年生の次男・稜君《りょう》には、一応「放射能が怖いから、外で遊んではダメだよ」といった。が、2日目になると外にでられないためストレスが溜まったのだろう、樹君が「キャッチボールくらいやらしてくれ」と訴えてきた。が、消防団の友人が呆れ顔で忠告してきた。「まだ避難してねえの。相手は目に見えねえ放射能だべ。早く逃げたほうがいい」。この時点でようやく事の重大さに気が付いたという、大和田さんは「米も野菜もあるからここに残りてえ」といい張る両親を説得。ガソリンがなくなるまで行けるところまで行こうと考え、一家5人で実兄が住む茨城県つくば市に向かったのは、3月16日夜だった。

そして、実兄の家で10日間ほど過ごした後、南相馬市から100キロほど離れた山形県西置賜郡《にしおきたま》飯豊町《いいでまち》の中央公民館に避難。5月初旬からは町役場の計らいで湯治場の旅館での避難生活を始めた。

「同じ太田ワンダースの仲間の佐々木さんたちが避難しているということで、飯豊町に避難したんです。でも、約1ヵ月間の公民館での避難生活は嫌でしたね。仕切りもないし、洗濯物も丸見えだったし、テレビも1台しかなく、夜になればあっちこっちからイビキが聞こえてくるしね。白鷺荘という旅館に移ってからはお風呂もあってよかったけど……。

息子2人は、新学期を迎えた4月からは地元の添川小学校に転入し、佐々木さん兄弟の息子さんの雅人君、涼《りょう》君の４人してスポ少の野球部に入りました。あっちのチームはレベルが低かったもんで、すぐに息子たちはレギュラーになりましたね。私は４月から南相馬の職場に戻り、金曜日の夜に飯豊町に帰る二重生活でした。11月からは借上げアパートに移り、12月末に鹿島区の八沢小学校に移って授業をしていた太田小が、３学期からは太田小で授業を再開するということで戻ってきました。息子たちも戻りたいというしね。やっぱり息子たちは、仲間と一緒に野球を思いきりやりたいですから……」

放射能についてはどう思っているのだろうか。

「放射能についてですかあ？　いまは気にしてないです。ヘンな話、原発から60キロも離れている福島市のほうが放射線量が高いというのに、あまり避難しないで生活しているみたいですからね。だから、原発に近くっても南相馬のほうは大丈夫じゃないのって、ヘンに安心をしているんですよ。もう1年以上経ってるし、マスクをしている子どもはほとんどいないし……。まあ、慣れですよね」

そういって大和田さんは、苦笑いを浮かべた。

しかし、私は「慣れですよね」という言葉に大きな衝撃を受けた。このひと言が目に見えない放射能の最大の恐怖だと思った。その後も、多くの住民から同じ言葉を聞いた。知人は「麻痺《まひ》したべ」ともいった。

放射能に慣れた上、麻痺してしまったのか――。

佐々木邦信さんと裕司さん兄弟の家族も、大和田さんとともに飯豊町で避難所生活を送っている。弟の裕司さんの家族は、避難した飯豊町からそのまま5ヵ月後の8月末に自宅に戻ることができた。

しかし、福島第一原発から19・8キロ地点の警戒区域内に自宅を持つ兄の邦信さんの家族は、さらに相馬郡新地町に避難。現在は鹿島区の仮設住宅に住んでいる。

「親父として娘と息子の3人に申し訳ないと思うのは、3・11後の1年間に飯豊町と新地町、それに太田小とね。3回も学校を変えさせてしまったことだ。仲のいい友だちができた頃には転校しなきゃなんなかった。太田小に戻りたくても、なかなか仮設住宅に入れなかったしね。噂では借上げアパートに住みながら、仮設にも入ってるとか、なんでも年寄りたちは息子夫婦と関係なく仮設を申し込んでいるとか、表札はあるのに住んでねえとか、ずるいというか『いろんな考えの人間がいるんだなあ』と思った。まあ、仮設6点セットの冷蔵庫・洗濯機・掃除機・電子レンジ・テレビ・炊飯器がタダで支給され、家賃もタダだといっても、あくまでも仮設だから何かと不便だ。狭い3Kの間取りに家族6人で住んでるし、壁も薄いし、プライバシーなんかないんだ」

取材したのは昨年の10月。場所は南相馬ジュニアベースボールクラブが練習する市営球場だった。息子の雅人君のプレーを、スタンドから眺めながら続けていった。

「それに、もう1年半以上も自宅から離れているため、家ん中は荒れ放題でどうしようもない。鍵もかけてないのに窓ガラスを割られてね、ドロボウに入られたり……。最近は山からやってきたんだろうな、納屋に猿が住みついたり。まったくもう、っていう感じだ」

笑うに笑えないという表情を見せ、ボールを投げる仕草をしつつ兄の邦信さんは語った。

弟の佐々木裕司さんのほうはどうだろう。昨年12月初旬、南相馬ジュニアベースボールクラブの懇親会が開かれる前に話を聞いた。

「避難所生活をしたといっても親父の俺の場合は、平日は自宅から勤務先に行って、金曜日の夜に飯豊町の家族んとこに行くという生活だった。長男の涼がジュニア（南相馬ジュニアベースボールクラブ）で野球をやるようになってからは、金曜の夜に飯豊町に行って、土曜の朝に相馬市の光陽グラウンドなんかに涼を連れてって練習させてね。終われば飯豊町に行き、月曜の朝に南相馬の勤務先に行く。南相馬から飯豊町までは車で片道2時間半くらいかな。そんな生活をしてた。ガソリン代も馬鹿にならなかったよ。……まあ、初めは知らなかったけど、保育園に通っていた下の息子の駿《しゅん》のほうは大変だった。俺は現場を見てないけど、気が狂ったように暴れてたらしい。兄ちゃんの涼やばあちゃんがなだめてもダメで、女房が帰宅するまでどうすることもできなかったといってた。女房は朝の5時頃に飯豊町をでて、仕事先に出向いて帰るのは夜の8時頃だったしね。環境が変わった上、母親の顔もろくに見られなかったからだろう。子どもにとってはさびしかったと思う」

そして、傍らの長男・涼君のほうを見ながら続けて語った。

「まあ、俺らは震災から5ヵ月目の8月末に南相馬に戻り、その途端に駿も暴れなくなったけどね。避難先からこっちに戻った理由をいえば、別に南相馬に愛着を持ってるからなんてことではない。単純に自分ら家族は、これまで通りの生活をしたかっただけだ。ここで生まれて、ここで家族と生活して、ここで死ぬ。いままで通りの生き方をしたいんだ。この涼も『仲間と野球がしたい』といって、毎晩素振りして、走ってたしね。監督の宮本さんの息子の克典君とはライバル同士だけど、何をやっても勝てないんだ。いつのまにかジュニアでは、キャッチャーで4番を打つようになったけどね。『克には負けたくねえ』といつもいってたから、それがよかったんじゃないのかな。放射能のことなんか気にしてたら、息子には南相馬で野球をやらしてないし、飯豊町から戻ることもなかった。まあ、政治家は脱原発だとかいってるけど、口先だけで終わらせて欲しくないな。いいたいのは、それだけだあ」

この父の言葉に、眼鏡をかけた坊主頭の涼君は口を尖らしていた。

ここで生まれ、ここで生活し、ここで人生を終える。これまで通りの生活がしたいだけだ――。

この思いは、ほとんどの住民の切なる願いだ。

†「野球用語」を聞くと吐いてしまう少年

3月14日の午前11時1分。福島第一原発の3号機建屋が爆発した際、原発から27キロ地点に位置する、高平小学校前の消防団原町区団第四分団の屯所前で「タバコの煙を輪っかにしたような濃い灰色の雲が、ポッ、ポッ、ポッ」と上空に上るきのこ雲を確認。その後も消防団員としての任務に従事した小玉洋一さんは、奥さんの実兄が住む和歌山市に避難した。

和歌山に向かったのは、3月17日だった。高平小学校の「高平シーサイド」に所属する5年生の長男・俊介君と3年生の次男・拓郎君、両親と義理の父母、妹たち総勢11人が3台の車に分乗し、まずはJR那須塩原駅に行き、近くに月極駐車場を探して駐車した。この時点では、長くとも1週間ほどで帰れると思っていた。那須塩原駅から東北新幹線と東海道新幹線を利用し、さらに大阪からは阪和線に乗り継いで和歌山市に向かった。

「いまも妹たちは和歌山に避難しているんですが、避難している当時は地元の人たちに大変お世話になった。着いた早々に青年会議所の人たちが私に板金の仕事を見つけてくれたり、2人の息子のために教育委員会が『とにかく、転入してください』といって、市内の小学校への転入手続きをしてくれたりね。息子2人が野球をやっているといえば、スポ少の少年野球チームの監督さんまで紹介してくれた。もちろん、2人とも喜んでチームに入りましたね。感心したのは、あっちのスポ少の保護者は練習や試合のときに子どもたちの送迎を車でしないんですよね。上級生たちが下級生たちを先導して、みんなで自転車をこいで行く。『ああ、いいなあ』と思いました。私と妻は、練習で遅くなるということもあるんですが、いっつも息子たちを車で送り迎えをしていますからね。……でも、ちょっと辛いこともあるにはあったんですけどね……」

原町区上北高平で「有限会社コダマオートボデー」を営む小玉さんは、快く取材に応じてくれた。しかし、ここまで話すと深い吐息をついた。事務所入口には、いましがた姿を見せた奥さんが立っている。一拍置いた後に続けていった。

「それというのも、和歌山に行っても長男の俊介のほうは、普通に野球をすることができたんですけど、次男の拓郎のほうは大変でしたね。たとえば、私や妻が『野球』とか『試合』などといった野球に関する言葉をいう。そのたびに吐くんです。そうですね、食べた物をゲーゲー吐く。……亡くなったOさんとこの兄弟……R君とK君のことを思いだすんです。拓郎とは1つと2つ下で年も離れていなかったため、余計に子どもながら悲しさを感じていたんでしょうね。そんなに高平シーサイドはチームとしては強くなかったけど、15人ほどのメンバーは仲がよかったし……。下級生の拓郎たちは、いつも一緒にベンチから声をだして応援していた。私ら保護者が集まって飲んでるときも、子どもたちは一緒になって周りで遊んでいたしね。だから、亡くなったR君とK君のことを思いだして、それで吐いていた。……もう来年を迎えて、3月になれば丸2年目になるけど、最近ですね、息子たちが本音を喋るようになったのは……。1年ほど前は『震災のときは怖かっただろ?』と聞くと『ううん、揺れていて楽しかった』なんていってた。でも、それは本音ではなかったですね。しばらくしてから、長男の俊介は『すごく怖かったよお』と、そういうようになった。だから、避難せずに南相馬に残っていた子どもたちは、もう大変な思いをしていたんじゃないのかな。しばらく余震も続いたしね。育ち盛りなのに、給食も炊き出しのおにぎりくらいしかでなかったと聞いてるし……。行政は私ら大人よりも先に、子どもたちに目を向けるべきだと思うんですけどねえ」

小玉さんは2ヵ月後の5月に南相馬に戻り、仕事を再開した。家族を和歌山から呼び戻したのは、それから7ヵ月後の12月だった。かといって、放射能への不安は消えてはいない。

「家族をこっちに呼び戻すにはいろんなことを考えた。いつまた原発が爆発するかわかんない。子どもの将来を思うと、不安なんてもんじゃないしね。これからは、子どもの甲状腺検査とかでいろんな問題がでてくると思う。でも、放射能のことばかり気にしていたら、それがストレスになって仕事どころじゃなくなってしまう。もちろん、放射能に慣れたわけでも麻痺したわけでもないけど、生活するにはここにいなければならない……」

低くつぶやくような口調で、今年43歳を迎える小玉さんは語った。私が会社を訪ねた昨年11月初旬、敷地内にある地震で破損した自宅は補修中だった。奥さんと今後について何度となく話し合った末、工務店に電話したという。これからも子どもたちとともに、南相馬に住むことを決意したからだ。

南相馬消防署勤務の消防士であり、非番のときは「南相馬市少年野球教室」や「原町ジュニアメッツ」のコーチを務める鈴木武典さんは、仕事柄自宅から離れることはできない。そのため3・11から1年間、昨年の3月まで栃木県日光市で避難生活を送る家族の元に行くことができたのは、たったの1回。それも日帰りだった。

その他に鈴木さんが、家族に会うことができたのは、チームが県外での招待試合などに出場するときで、非番の日に限られていた。コーチとして同行し、それに合わせて日光市の避難先から家族が足を運べるときだけだった。当時5年生の長男・遥也《はるや》君と2年生の次男・智也君の2人の息子は原町第一小学校の原町ジュニアメッツに所属しているからであり、何よりも震災が起こる3ヵ月前に生まれた、愛娘の李旺《りお》ちゃんに会いたかった。

「3・11のときの私は、ずっと泊まり込みで生存者救出や遺体捜索をやっていましたから、家族と同居している両親だけでも避難させなければと思い、3月14日の夜中でしたね。ジュニアメッツの佐藤監督から『とにかく、山形の米沢市に避難したほうがいいべ』といわれ、私は行けなかったんですが、まずは米沢のホテルに3泊ほどし、そこで妻の親戚が日光市に住んでいるということで、妻の父母たちも避難したんですね。息子2人はあっちの小学校に転入させたんですが、1学年が20人くらいの小さい学校だったもんで、心配していた風評被害もなかったです。『放射能がくっつくから寄るな』なんていわれ、いじめられているといった話などを聞いてましたからね。でも、そんなことはなかったみたいだし、防災訓練のときなどは担任の先生が、私に電話してきて『避難訓練をさせてもいいですか？』といってくれるほどでした。家族が日光からこっちに戻ったのは1年後の今年3月だったんですが、正直いって大変でした。とにかく、私は『戻ってきて欲しい』といったんですが、妻は『戻りたくないです』の一点張りでしたから。とくに娘の李旺は1歳とちょっとでしたからね。そうですね、かなりモメました……」

2012年の10月初旬、原町第一小学校の放課後の校庭。非番の鈴木さんは、突然の取材にもかかわらず快く応じた。原町ジュニアメッツ監督の佐藤英雅さんのノックを受ける子どもたちに視線を送りながら、当時の胸の内を語った。

「一応、2人の息子はこっちで野球をしたいといってくれたし、長男の遥也は原一小の仲間と一緒に卒業したいと……。でも、妻は子どもたちの将来を思い、放射線量の高いこっちには絶対に戻りたくないと……。結果として戻ることになったんですが、その大きな理由は、実は避難先の日光の放射線量と、こっちの私が住んでる原町区高見町辺りの線量はほとんど同じだったからなんです。（毎時）0・23マイクロシーベルト前後で、年間の積算放射線量は1ミリシーベルトですから。……でも、妻は辛かったと思います。いざ戻るとなると何度も『大丈夫なの、本当に大丈夫？』って、念を押してきました。たぶん、いまも子どもたちのことを思うと納得していないでしょうね。やはり、私の場合は……他の人たちも同じだと思いますが、今年で38（歳）なんですが、いまの仕事を辞めて県外で他の仕事を探すのは厳しい。もっと若かったら真剣に転職を考えていたかもしれないけど、現実としては仕事を辞めることはどうしてもできなかったですね……」

　小学3年生のときに野球を始め、中学、高校、さらに卒業して消防署勤務後も社会人のクラブチームに入り、30代初めまで現役選手としてプレー。衒《てら》うことなく「野球が大好きなんです」と語る鈴木さんは、遥也君と智也君にも野球をして欲しかった。

「消防署に勤務する私の場合、朝の8時半から翌朝の8時半まで丸24時間勤務し、次の日は休みという2部制の生活パターンのため、どうしても交際範囲が狭くなる。そのために1人ではできない野球をやっていると、仲間ができていいんです。それが野球の最大の魅力だと思うんです。だから、いっぱい友だちをつくって欲しいということで、息子たちにも野球を勧めたんですね。お兄ちゃんの遥也は、最初は嫌がっていたんですが、先に弟の智也がやるといいだして、初めての練習のときに顔面にボールを当ててしまい、これはまずいなあ、と思ったんです。でも、いまは朝から素振りをしている。避難先の日光ではおじいちゃんとキャッチボールしていたというし、借りていた家から学校までは徒歩で40分ほどの距離だったんですが、毎日往復歩いていた。そのお陰で体力は落ちなかったみたいですね。ここの原一小の先生が『避難先から戻ってきた児童は、非常におとなしくなっているし、体力も落ちてる。それが心配です』といっていましたが、2人の息子たちに限っては大丈夫でした。今年の夏にジュニアメッツは、東京の杉並区に遠征して全敗で帰ってきたんですが、私はそれでいいと思っているんです。勝ちにこだわるのは、もっと上の高校になってからでいいんです。とにかく、いまは野球の楽しさをいっぱい知って欲しいです」

そういって鈴木さんは、バットとグローブを手に練習する子どもたちのほうに走って行った。

†放射能に慣れるのは怖い。しかし……

南相馬市役所建設部都市計画係長の肩書を持つ長谷川秀司さんは、3・11の際は水道課に在籍していた。そのため震災後は早朝から寒風に吹きさらされながらも、道路沿いに埋められた水道管の破損などを点検。終日、作業に励んでいた。翌12日午後は、原発からちょうど20キロ地点の水道管を点検しており、3時36分に1号機が爆発したことはわからなかったという。携帯も通じなかったからだが、通りかかった消防団員に声をかけられた。

「原発が爆発したべ。おまえ、逃げないのか？」

しかし、すぐには理解できなかった。

「原発が爆発した？　逃げろ？　それはないだろう……」

そんな調子だったが、夕方6時過ぎに水道課のある南分庁舎に戻り、テレビニュースで初めて事の重大さを知った。午後6時25分に政府は、原発から20キロ圏内の住民に避難指示をだしていたからだ。

「まさに『えっ！』でした。じゃあ私はどうなるんだと……。爆発したときは原発から20

キロ辺りで仕事をしていましたからね。正直『死ぬかもしれない』と思いました。それ以来、もう毎日が不安でした。14日の昼前に3号機が爆発したときも、外で水道管のバルブ操作をしていたし、もろに被曝したのではないかと思うと恐怖でしたね。とにかく、教師の妻は『窓は絶対に開けないで！』といい、子どもたちのことを考え、15日に私の父の実家がある喜多方市に避難しました。運よく妻は、新学期から喜多方の学校に転任することができたんですが、私のほうは市役所勤務のため、金曜日の仕事を終えてから喜多方に行き、月曜朝に喜多方から出勤するという、いわゆる逆単身赴任生活をすることになった。南相馬から喜多方までは距離にして約130キロで、車で2時間半くらいかかります。初めはバイクで往復していたんですが、長期戦になりそうだと思い、中古の車を買いました。だから、いつ故障してしまうか心配だったんですが、ついに2日前に故障してしまいました」

そういって放射能と対峙した際の恐怖の顔、それに照れ顔を同時に見せた、1965（昭和40）年生まれの長谷川さんは、原町高校の野球部出身。3年のときはセカンドで2番打者、キャプテンとしてチームをリード。夏の甲子園大会県予選では7年ぶりの1回戦突破、15年ぶりのベスト8の成績で、当時は地元紙に大きく報じられたという。

そのような父・長谷川さんの影響だろう。長男・裕介君と次男・翔太君は、ともに原町第三小学校の少年野球チーム「原三小SFブルーインパルス」に所属していた。2人とも父に倣ってセカンドを守り、翔太君はピッチャーもこなす。喜多方市に避難しているときは、中学2年生の裕介君は塩川中学校野球部員となり、塩川小学校6年生の翔太君は、スポ少の野球チームに入っている。

「原発事故のためブルーインパルスの子どもたちは、ばらばらになってしまいました。南相馬に残ったのは3人だけですね。息子2人は喜多方で、他は新潟や山形など県外に避難しています。震災の年の夏に岩手県の北上市に招待されたときは、9人のメンバーが集まってくれてブルーインパルスとして出場しましたが、それが最後でした。それぞれ避難先で野球は続けていると思いますが、やっぱり、みんな生まれ故郷の南相馬に戻りたいでしょうね。私の家族の場合は、新年が明けた来年（2013年）春に喜多方から戻る予定です。最初は何が安心で何が安全かわからない状態で、疑心暗鬼の中で生活をする状態でした。初め放射能については詳しくなかったため、できるだけ遠くに避難すればいいと考えていたんですが……。でも、1年半以上経ったいまはだいぶ放射能に対する不安は消えていると思います……」

放射能に対する不安は消えていると思う――。

この言葉に私は「放射能に慣れました」と同じ意味を感じ、少なからず困惑した表情を見せたからかもしれない。南相馬市役所２階の都市計画課で取材に応じていた長谷川さんは中座し、１冊の手帳を持ってきた。その手帳には私の実家から約５００メートル、徒歩で５分とかからない市立総合病院北口で原発事故後に計測された、放射線モニタリング結果が記されていた。私は声を抑えつつ読んだ。３月17日３・35マイクロシーベルト、３月18日６・95マイクロシーベルト、３月19日６・73マイクロシーベルト、３月20日２・47、３月23日１・53、４月１日１・06、５月１日０・63……。読みながら、改めて驚かざるをえなかった。

――毎時６・95マイクロシーベルトもあったのか……。

長谷川さんは説明した。

「４月以降は月初めの計測結果しか書いてませんが、２年目の平成24年になってからは１月と２月は０・47、３月は０・45、夏後の９月は０・36、10月は０・35、先月の11月は０・33と原発事故が起こった当時と比べると、ずっと空間線量は低くなっています。たしかに『放射能に慣れたのか？』といわれれば、そうかもしれません。この数値なら大丈夫と考えていますからね。たとえば、０・２マイクロシーベルトが安全で、０・６マイクロシーベルトは危険だということもはっきりわからない。１・０マイクロシーベルトが最大数値であればわかるんですが……。ですから、もう私の中での放射能に関しては不安はないということです。もちろん、線量の高いグラウンドは使用できないとか、食べ物による内部被曝は気を付けなければならないという心配はあります。その辺については子どもたちにきちんと話しています……」

私は黙っていた。説明する長谷川さんの眼だけを見ていた。

そして、最後に尋ねた。

「３・11から、来年を迎えれば2年です。早かったですか？」

長谷川さんは穏やかな表情でいった。

「そうですね。この12月までの1年9ヵ月を振り返れば、やっぱり早かった。いまも同じですが、ずっと走っている感じです。水道課から都市計画課に異動し、被災者の高台移転などを担当しているし……。金曜の夜は2時間半かけて車で喜多方に行っていますからね。まあ、息子たちはトラブルもなく喜多方で過ごしているし、避難した当時アパート近くで遊んでいたら野球部の子どもがいて『じゃあ、まぜてくれ』ということでチームに入れたしね。いまは狭いアパートに仲間が集まってきてます。下の息子は喜多方のチームでキャプテンをやり、10番のユニホームを着ている。うまくやっていると思いますね」

——これはダメだ。放射能の犠牲になるのは俺だけでいい。とにかく、家族を避難させなければならない……。

3月14日午前11時1分。福島第一原発3号機が爆発したとき、南相馬市教育委員会事務局スポーツ振興課の職員・遠藤雄二さんは、そう思ったという。家族は妻と3人の子どもの5人。当時、原町第三小学校4年生の長男・俊介君は「原三小シャークス」に所属し、2週間後に開催される開幕戦「福島クボタ杯」を控えて張り切っていた。しかし、すべてがパーになった。まずは、自宅から石神中学校体育館に家族を避難させた。

昨年春の異動で復興企画部企画課主査に就いた遠藤さんは、さらに今春、健康福祉部に異動になった。当時を振り返った。

「私も体育館に泊まり、家族を前に『最後の別れになるかもしれない』と、そういっているときでしたね。先輩の職員から『雄二、避難先に同行する派遣職員になってくれないか。だれも希望してくれないんだ』といわれた。そこで『私の仕事を引き継いでくれる職員がいれば引き受けます』と。そういったことで私の場合は、派遣職員第1号として、3日後の17日に家族も乗るバスで避難先に向かったんです。しかし、避難先はわかりませんでしたね。川俣町の道の駅で降ろされて……。まあ、南相馬からやってきたバスは放射能で汚染されているということで、福島県職員が同乗する千葉ナンバーのバスに乗り換えた。この時点で新潟方面に避難することは何となくわかったんですが、どこが避難先になるかはわからなかった。結果として、三条市に避難することになりました」

このとき新潟県に南相馬から避難した住民は総勢450人。三条市と燕市の2市の総合福祉センター・勤労青少年ホーム・体育文化センター・防災センターなどで避難生活をすることになった。派遣職員の遠藤さんの場合は、三条市の総合福祉センターに常駐。当然、見知らぬ土地に避難し、苛立《いらだ》つ住民の世話をすることになったのだが、その任務は苦労の連続だったに違いない。

「苦労ですか？　ないといえばウソになりますが、やはり可哀相だったのは子どもたちでした。とくに園児や小学生の児童は、親の判断で避難して、知らない土地の幼稚園や小学校に入学したりね。幼いため、心の整理がつかなかったと思う。私の家族の場合は、体育館から借上げアパートに移ったんですが、2階だったために子どもなりに1階に住む人に気遣ったんでしょうね。できるだけおとなしくしているという感じでした。私は7ヵ月後の10月に南相馬に戻り、家族は丸1年間の避難生活を経て、こっちに戻ってきたんですが、顔色は全然違います。昔からの仲間と遊べたからでしょうね。やっぱり、友だちです。いきいきしています。知人の息子などは、友だちが津波で亡くなったため、言動がおかしくなったと……。それで避難先から戻ってきたら落ち着いたといってましたね」

長男の俊介君は、避難先で野球を続けたのだろうか。

「体育館に避難していたときは、転入した小学校が近かったんですが、借上げアパートに移ってからは遠くなってしまい、これじゃ無理だと。1日だけ練習を見学したんですが、チームには入らなかった。原三小シャークスのメンバーはばらばらになったんですが、原町ジュニアメッツの佐藤監督から誘われて連合チームに入り、それが息子にも私にもよかったと思う。小高小や原一小、原二小、石神二小の子どもや保護者とも親しくさせていただきましたからね。それまで敵だったのが『あの選手はこんな子どもだったんだあ』という感じでね。たがいに理解し、連帯感が生まれました」

放射能についてはどう考えているんだろうか。

「3・11から1年後に家族が三条市から戻るとき、私は完璧に除染してからでないとまずいと。自分としてはまだまだ避難していて欲しかった。自宅周辺の放射線量は毎時0・7マイクロシーベルトだったし、家の中も0・23くらいあったしね。でも、妻は私の考えとはちょっと違っていました。私とは違って、毎日ずっと子どもたちと接していましたから、精神状態を心配していたと思うんです……」

そう語る夫の遠藤さんを前に、妻は次のようにいったという。

「戻っている子どももいるんでしょ。たぶん多くの子どもたちは戻りたいと思っているのよ。だから、私たちの考えだけで避難させているのもどうかと思うの。放射能のこともものすごく大事だとは思うけど、子どもの精神的なことも考えてやるべきだと思うわ……」

この妻の意見に、夫の遠藤さんは首肯したのだ。

「とにかく、子どもたちは自分たちが生まれた故郷で思いきり遊びたいんですよね。たしかに放射能に慣れるのは怖いし、慣れたくないです。なんかここは0・2なのに、100メートル先は0・5とかある。やっぱり、慣れるのは怖いです……」

そう遠藤さんは私を直視しつつ、渋い表情でいった。

†ジャンケンで決めた避難所の場所取り

3・11から翌日までの丸1日。4人の子どもを抱える和田やよいさんは、めまぐるしい1日を送った。

3月11日は、高校3年生の長男・元気君と中学校3年生の長女・愛美ちゃんの卒業式でもあった。元気君が通学する高校は60キロ以上離れた郡山市であったため、双葉郡双葉町の運送会社勤務の夫が出席。和田さんは、地元の原町第二中学校に通う愛美ちゃんの卒業式にでて、原町区金沢の自宅に戻り、携帯で元気君の卒業式の模様を夫から聞いたのは昼前だった。

そして、愛美ちゃんと自宅で一緒に昼食をいただき、あれやこれやするうちに時計の針は午後2時30分を指していた。急いで着替え、バス停に向かった。2時45分のバスに乗り、鹿島区に行き、そこで相馬市の養護学校に通う、次男の勇太君を出迎えるためだった。ところが、もうすぐバスが到着すると思っていた矢先、午後2時46分。マグニチュード9・0の巨大地震が発生したのだ。

和田さんは、当時を問わず語りに話し始めた。

「もうそれからが大変で、運よく勇太を迎えることができて、今度は高平小に通う、末っ子の飛竜《ひりゅう》を迎えに行ったんですね。そしたら『高平シーサイド』で一緒の高田さんちの啓悟君がいたもんで乗せて、家に連れてってから自宅に戻ったんですね。それで家にいたら消防団の人たちがきて『津波で大変だ。逃げたほうがいいべ』といってね。津波っていっても、私が住んでるとこは海から3キロくらい離れているし、なんで津波なんだろうと……。でも、まあ逃げたほうがいいというのでね。勇太は『家をでたくねえ、2階にいる』というもんで、私らは市内のショッピングセンターのジャスモールの駐車場に行ったんですよ。それで次の日の朝に『津波って本当だべか。どんなもんか見てみっか』といって、家の近くに行ったら『何だこりゃあ』って感じでしたね。ふだんの田んぼが海になっていて……。地獄？　たしかにそうでした。犠牲者もいっぱいでたし、知合いで亡くなった人はいなかったけど……。それで今度は原発が爆発した。初めはたいしたことないと考えていたら、長男の元気から電話がきて『何を考えてんだ、オフクロは！』と怒鳴られたんですよ。元気は原発関係の会社に就職が決まっていたんですけど、爆発でパーになってしまったしね。娘も相馬東高校に合格していたのに、就職や入学のお祝い事もできなかった。だから、地震が起きて原発が爆発するまでの、あの1日は大変な日だったんですよ……」

そういって和田さんは、大きく溜息をついた。

もちろん、原発爆発後の和田さんは、まずは飯舘村に避難。さらに新潟県柏崎市に避難した。

「それで、原発で働いている近所の人が『危ないからできるだけ遠くに行ったほうがいいべ』というもんで、それで柏崎市に行ったんですけど、これまた大変でしたね。会社の倉庫や体育館に避難したんですけど、倉庫に泊まったときは広い部屋と狭い部屋があって、どこの家族がどの部屋にするかって。それで『恨みっこなしだべ』といって、ジャンケンポンで決めたりね。体育館でもストーブの近くの場所取りなんかも大変だった。一番心配したのは養護学校に通っている勇太のことだったんですけど、本当に穏やかで心配することはなかったですね。ただね、ご飯が大好きだったんですけど、毎日おにぎりばっかり食べていたため、嫌いになってしまったんですよね。……風評被害に関しては、柏崎は原発があるためでしょうね、なかったです。食事に関してもボランティアの人たちがアンケートを取ってくれて、何が食べたいかなんて気を使っていただきました。でも、いろんな人がいますよね。必ず文句をいったり。そういった人がいるもんで、周りがおかしくなったりね。弁当をいただいたのに、セブン（イレブン）に買いに行ったりする。ああいったときは我慢することが大事だと思いますよね……」

そう語る和田さん家族が南相馬に戻ってきたのは、5ヵ月後の8月だった。

「小学5年生になった飛竜は、柏崎に避難しているときもスポ少のチームで野球をやらせていただいていたんですよ。避難したときは太っていたんですけど、あっちは毎日練習するためにけっこう身体が引き締まってね。それで『高平シーサイド』の監督の門馬（一弘）さんに『早く戻って野球をやっぺ』といわれ、8月に戻ってきた。やっぱり、こっちの仲間とやるのが一番でしょうね。放射能に関しては、私の家辺りの線量は0・1（マイクロシーベルト／毎時）くらいで、浜風も吹いているしね。そんなに気にしてないです。田んぼの作づけができないのは困ってますけど……。野菜は食うなといわれても、線量は基準値以下だから大丈夫だと思う。スーパーで売ってる地元産の野菜は安いし、それを食べるのはしょうがないですよ。仙台の友だちがいってましたね。『こっちでは値札を変えて売ってるよ』って。宮城県産の野菜なのに茨城県産にして売ってるって。いろいろあるみたいですよ。そうですね、震災からもう1年半以上経つけど、思うのは私の家は地震にも津波の被害にも遭わなかったしね。だから、被災した人たちには『うちだけ助かって、ごめんなさい』という思いでいっぱいなんです……」

そういって和田さんは、深く頭を下げた。

現在、夫は避難中に探した新潟県長岡市の運送会社に勤務。高校を卒業した長男の元気君は、新たに新潟に職を求めてサラリーマン生活を送っている。入社するはずだった原発関連会社の業務が中止となったからだ。

それは3・11後からだった。高田真さんと洋子さん夫妻の息子・啓悟君は、1人になるのを極力嫌った。2階の部屋に行くときも、トイレに行くときも一緒にきて欲しいと訴える。初めは1人息子のため甘えているのかと思ったが、そうではなかった。

――震災の後遺症で啓悟が脅えている……。

そう確信したのは、たとえば、リビングでテレビを観ているときだ。震災や原発事故のニュースが始まると震えだしたからだ。とくに地震速報がテレビに流れると、両親にしがみついてきた。

原町区上北高平の自宅を訪ねると、お父さんの真さんが語った。

「震災が起こった当時の啓悟は、小学校4年生だったしね。大人には理解できないほどの恐怖だったんでしょうね。私も妻も『大丈夫だ。心配するな』といっても『トイレに入っているときに地震がきたらどうすればいいんだ』と……。啓悟だけではないと思うんですが、きちんと子どもたちの心のケアをしてあげなければならない。当然、3・11は子どもにとっても私らにとっても初めての経験ですが、やっぱり子どもを優先する行政をやって欲しいです。大人よりも敏感ですからね」

もちろん、3・11の際に高田さん家族も避難した。先に記したように夫の高田さんは、消防団員として生存者救出や遺体捜索に従事。原発が爆発したときは「高平シーサイド」の保護者で、消防団員の門馬一弘さんや小玉洋一さんと同じように「俺の人生終わった。被曝したな」と覚悟を決めたという。しかし、何よりも家族の安全が一番だと考え、避難先に向かったのだ。

「震災後は消防団員としての活動をしたり、勤務先のガソリンスタンドに行ったりしてたんですが、停電になると仕事ができない。すべて電気で動いていますからね。それで、とりあえず3月17日に会津若松に避難したんですが、まずは、福島市のあづま総合運動公園に行った。そこでスクリーニングをして、証明書がないとどこのホテルも旅館も泊めてくれないということでね。異常はなかったんですけど、旅館に着いたら部屋に行く前に『先に風呂に入ってください』と……。いい気持ちはしなかったですよ。部屋には先客がいて相部屋で、もうふとんを重ねて寝ましたから」

そういう高田さんは、家族とともに2週間ほど旅館に避難。その後は一旦南相馬に戻り、4月半ばに再び新潟の越後湯沢に避難した。妻の洋子さんが続けて語った。

「4月初めに防災メールが入り、啓悟が通学する高平小は鹿島区の八沢小で新学期を迎えることを知ったんですが、やっぱり放射能のことが気になってね。それで越後湯沢に避難したんですけど、あっちの学校に転入させる考えはなかったです。それというのも神戸に子どもを連れて避難したお母さんが『いじめられて大変だ』といってたもんで、しばらく様子を見っぺということでね。南相馬に戻ることにしたのは『高平シーサイド』の監督の門馬さんが『連合チームの南相馬ジュニアベースボールクラブを旗揚げするから、一緒にやっぺ』といってくれてね。啓悟もやりたいということでね、それで戻ることにしたんです。ひとり息子の啓悟が高平シーサイドに入ったのは、2年前の秋の4年生のときだったんですが、野球を通じて先輩とも後輩とも仲よくやっていましたからね」

3・11から2年が過ぎた。高田さん夫妻はどんな気持ちでこれまで生活してきたのだろうか。

「なんかここ南相馬は、放射能に関しても避難に関しても自己責任でやれよと……。国も県も市もそんな調子だしね。それはないだろうと思う。20キロ圏内は危険で、30キロ圏内は安全だといわれても、住んでる者にとっては同じように不安なんだから。なんか国からも県からも疎外されて生活している感じですよね」

そう語る夫の真さんの隣で、妻の洋子さんは相槌を打っていた。

啓悟君のように地震速報や震災関係のニュースを聞くたび、震えだす子どもは多い。南相馬に限らず、福島に出向くたびに私は、いろいろな声を聞いた。

たとえば、あるお父さんはいった。原発から30キロ圏外の鹿島区の中学校の体育館で授業を受けていた息子は、登校拒否になった。その原因は体育館にあった。床下にバネが設置されているため、生徒たちが走るたびに微妙に揺れ、3・11を思いだしてしまうからだ。毎月11日になると部屋の片隅にうずくまり、震えだす子どももいるという。

また、ガキ大将だった小学生は避難先の体育館で声を上げ、走り回るたびに大人たちに怒られた。「うるせい。静かにしろ。支援物資をやらねえぞ!」。そのためだろう、ガキ大将から一転していい子ちゃんになってしまったのだが、お母さんは心配する。息子は去勢されたみたいにおとなしくなってしまった。この反動がいつ爆発するかと思うと怖いです。

子どもは自由にさせておくのが一番ではないでしょうか、と。ある中学教師は、3・11後は反抗期を迎える生徒が少なくなったような気がする、といっていた。成績優秀な生徒が、まったく勉強をしなくなった。ライバルだった生徒たちの多くが避難し、やる気が失せてしまったからだ。お母さんに「私は結婚できないの?」と訴える女子中学生もいる。

こんな話も耳にした。単なる面白半分の噂話ならいいのだが、登下校の際に空に向かって「放射能ちゃん、おはよう!」「マイクロシーベルト君、こんにちは!」などと叫ぶ児童もいると聞いた……。

第3章

「原発の町」の少年野球の現実

†「原発の町」から消えた少年野球

東京電力福島第一と第二原発が隣接する「原発の町」の3・11後の少年野球の現実はどうなっているのか――。

当然として双葉郡の浪江町・双葉町・大熊町・富岡町・楢葉町の5町は甚大な災害に遭った。約290人の死者・行方不明者をだすだけでなく、6万3500人余の全住民は圏外避難を命じられた。電力会社の原発推進に協力していた女性経済評論家は「放射能で亡くなった人は、まだいないんじゃないの」とテレビで発言していたが、あまりにも認識不足だろう。寝たきりのお年寄りの中には避難中に息絶えた者も多い。双葉町在住の、私の原町高校時代の恩師は、体育館で避難中に肺炎になって亡くなっている。また、生存が確認されながらも、原発事故によって救助現場からの退去命令が下り、瓦礫の中に生き埋め状態で亡くなった者もかなりいると聞いた。昼夜を問わず、救助に出動していた地元消防団員たちの無念さは計り知れない。

もちろん、原発の町の野球少年たちの人生は、否応なしに狂わされた。

『原子力明るい未来のエネルギー』――以上の惹句が大きくメイン通りの掲げられている、人口7000余人の双葉町の場合は――。

双葉南小学校、双葉北小学校、双葉中学校を擁する双葉町には、小・中校生合わせて557人が在籍していた。が、そのうち県内の学校に転学（住民票を移さない、区域外就学）したのは約3分の1の183名。残る374名は、家族とともに埼玉県を中心に新潟県・茨城県・群馬県・千葉県・神奈川県・東京都を始めとする40都道府県、遠くは原発のない沖縄に避難し、転学してしまった。お母さんが中国人のため中国に避難した児童もいた。ふたば幼稚園の123名の園児も同じく、保護者とともに県内や県外に避難した。

また、在校生約600人、夏の甲子園大会3度出場の双葉高校は、かろうじて県内のサテライト（衛星）方式と称された「間借り」の校舎を設けた。福島南高校（福島市）あさか開成高校（郡山市）葵高校（会津若松市）磐城高校（いわき市）の4校の空き教室や体育館などを借り、生徒は分散しつつも授業を受けることができた。が、それでも在籍した生徒は3分の1の204名であり、残る約400名は県内や県外の高校に転学してしまった。

つまり、放射能汚染で先が見えない、半径20キロ圏内の原発の町は、一転して「死の町」となってしまった。

幼稚園を含めて双葉町から学校は消えたのだ――。

もちろん、各小学校の少年野球チームは解散に追い込まれてしまった。

昨年の1月21日。小雪が舞うJR福島駅前から車で20分。福島市飯坂町の平野小学校の体育館を訪ねた。

「双葉町スポーツ少年野球クラブ」の監督・斉藤恒光さんは、平野小のスポ少「福島ブルードラゴンズ」の練習を見守りながら、やるせない顔を見せていった。

「私もね、定年を迎える2010年の秋まで東電の第一原発で働いていたし、チームの保護者の半分ほどは原発で働いていた。安全・安心といわれた建屋が爆発するとはね。あんなにもろいとは思わなかった。定期検査もきちんとやっていたしね……。3月11日の日は、次の日の土曜日から楢葉町の球場で『南双葉学童野球大会』が開幕するため、野球道具を車に積んで、もう準備万端でいたんだ。そこにあの地震がきて、家が潰れてしまった。メチャクチャになったあげく、原発が爆発した。3月末に南相馬市で開かれる『福島クボタ杯』も中止になって、子どもから野球を奪い取ってしまったんだから、ひどいもんだよ。

……あの日の女房は孫を連れて東京に行っていて、午後3時上野発のスーパーひたちで帰ってくる予定だったんだ。でも、その15分ほど前に地震に遭って、なんでも上野公園に避難したといってた。まあ、家にいなくてよかった。もし女房と孫がいたら家の下敷きになって死んでいたかもしれねえ……」

体育館の壇上に座り、ボールを手に斉藤さんはいった。

「まあ、このチームの監督の真田裕久さんとは昔からの知り合いで、こうしていまは臨時コーチとして、手伝わせていただいている。定年後の私から野球をとったら何もないしね。しかし、全国各地にばらばらになってしまった双葉の子どもたちを思うと、夜も眠れないんだ。35人の子どもたちも、保護者の親たちも全員無事だったが、練習場の町民グラウンドは第一原発から3キロも離れていねえし、町全域が警戒区域になってしまった。私もこうして福島市のアパート暮らしをしなきゃなんなくなったしね。60（歳）過ぎてからアパートに住むとは思わなかったな……」

その35人の選手たちは家族とともに、埼玉や神奈川・富山・群馬・新潟・茨城などの県外に。その他は県内の郡山市やいわき市に避難してしまったという。

しかし、だれもが野球のことは忘れなかった。

「よく避難先の保護者から私のもとに手紙がくるんだ。『早く双葉町に戻り、野球がしたいべえ』なんてね。そこで原発事故の4ヵ月後の去年の7月だよ。『会津若松での大会にでねえがあ』と呼びかけたら、12人の子どもたちが駆けつけてくれた。遠く富山からやってきた子どももいてね。『参加できない仲間の分も頑張ります』って……。試合は初戦に勝ったんだが、残念ながら2回戦はコールド負けだった。2年前の10月の『東北学童軟式野球新人大会』で3位になったチームだったんだがね。やっぱり、4ヵ月間も練習してなかったため思うようなプレーができなかった。でも、野球ができただけでもよかった。ホテルに戻った子どもたちは、夜遅くまで話していたからね。まあ、あの試合が最初で最後になった。でも、やっぱり相双地区の野球関係者と携帯で連絡を取って喋ると、思いは同じだ。みんな『野球の灯りは消したくない』っていってた……」

何度も「野球の灯りは消したくない」と強調して語る普段の日の斉藤さんは、福島県立梁川高校野球部のバスの運転手をしている。

「この福島市から伊達市にある梁川高校は近いし、実は私の双葉高をでた息子が監督をしているしね。何でもいいから息子に協力したいんだ。震災と原発事故で何もかも奪われてしまったから、時間はたっぷりあるしね。少しは役に立つことをしたい。息子の邪魔にな

広野町野球スポーツ少年団監督の大和田一政さん。「残念ですが、3・11から4ヵ月後の23日の試合を最後に休部にしました……」

双葉リトルリーグ事務局長の鎌田寿男さん。「私たちの願いは『双葉の野球を守ろう！』です。それだけです」

大熊町野球スポーツ少年団と監督の奥山文男さん

相馬市光陽グラウンドでの少年野球大会（2012・6）。この日の外野は毎時0・5マイクロシーベルトだった

不通になってしまったJR常磐線。線路は雑草で覆われていた

双葉町スポーツ少年野球クラブの監督・斉藤恒光さん。臨時コーチとして福島ブルードラゴンズを指導する。福島市飯坂町の平野小体育館で

夕方7時から9時まで、大甕（おおみか）小の体育館で週2回の夜間練習。テニスボール使用のバッティング、フォームをチェックしての素振り、走塁練習など。練習後の感想「早く寝たいべ」（南相馬ジュニアベースボールクラブ）

んねえようにやってんだ」
そういって、斉藤さんは苦笑いを浮かべた。

†原発事故と向き合う野球少年たちの手記

同じ双葉町には「双葉リトルリーグ」もある。福島県リトルリーグ協会に加盟するチームは11と少ないが、15年前に創設した双葉リトルは県内では強豪チームといわれる。発足当時は、相双地区のスポ少加盟の少年野球関係者から「小学生の子どもに硬式をやらせるのは早いべよ」「俺らの目を盗んで選手をスカウトしてっぺ」などと批判されたこともあったが、地道な活動が認められたからだろう、リトルの根強いファンも多い。

創設以来、事務局を運営する小高工業高校野球部出身の鎌田寿男さんを訪ねた。東電の系列会社に勤務する鎌田さんは、3・11から2ヵ月後の5月半ばには仕事場である福島第二原発に復帰。よもや着用するとは思ってもいなかった白い防護服姿になり、原発敷地内で働き、10日に一度の割で、家族が避難する埼玉県鶴ヶ島市に帰る生活をしている。

その非番の日、東京・池袋から東武東上線の急行電車で約40分。鶴ヶ島駅前喫茶店で待ち合わせた。30人の選手たちの避難先が記された名簿を手に、鎌田さんは神妙な面持ちで語り始めた。

「選手30人は無事でしたが、家が流された選手は3人います。そのうち1人はおばあちゃんを亡くしているし、3年前に卒団したOBの中には、両親とおばあちゃんを失った者もいるしね。30人の避難先は、島根・横浜・埼玉・栃木・宮城・山形・新潟……。県内は会津若松や郡山地区です。監督の佐藤勉は東京の大田区に避難していて『鎌田さん、また双葉で野球をやりましょう』といってくる。双葉で野球をやりたいという思いは同じなんだが、双葉に帰れる保証はないし、いまの状態では帰れないね。9万円で買った線量計で自宅の周りを計測したら、毎時で2・0マイクロシーベルトあった。これで帰ったら自分から進んで被曝をしに行くようなもんだ……」

3・11の日は金曜日の平日であったため、鎌田さんは福島第二原発内で仕事中だった。「もう第二原発のほうもさんざんだった。すぐに集合をかけられ、上の者から『帰宅しろ！』とね。それで帰宅しようとしたら道路は陥没しているし、普段なら20分で帰れるのに3時間以上もかかってしまった。双葉高野球部の息子は高台に避難し、浪江町の老人ホームで働いていた妻が帰宅したのは13日だね。避難所になったため、避難民の世話をしなければならないためにね。それで原発が爆発してからは、まずは家族と南相馬に行き、そこから川俣町に行って2日間くらいいて、さらに喜多方市のほうに逃げた。そこでスクリーニングを受けたんだが、妻が引っかかってしまった。もう妻も私もショックでね。『じゃあ、どうすればいいんだ?』と聞くと『わかりませんけど、シャワーを浴びてください』と……。測定している係員は、まったく放射能については知識がない。そのためだろうな、終わるまで8時間もかかった。それに避難先は体育館だったため、もうストレスが溜まってしまう。そこで埼玉に住むようになったんだが、嫌な思いもしたよね。決まっていたアパートに入ろうとしたら『他の者に決まったから』と、突然断られた。はっきりした理由をいわないため『福島からきたからか?』というと『それはないです。上の指示です』といってたけど、その態度を見ればわかる。そういった風評被害に子どもたちも遭っているのかと思うと、頭にきてしまう……」

そのようなやるせない思いを吐露する鎌田さんは、一呼吸おいてから、選手や保護者たちから寄せられた手紙をバッグから取りだした。それらの手紙には、地震・津波・原発事故と対峙した子どもたちの野球への思いが綴られていた。紹介したい。

《ぼくたち双葉リトルは一生けんめい東北・全国大会をめざして、しっかりがんばって練習してきました。苦しい場面も声を出してはりきってきました。自主トレーニングもつみ重ね、大会にそなえてきました。しかし2週間前の大地震でチームのみんなはばらばらになってしまいました。みんなに会えない、野球ができない、これからどうなるんだろう、と不安やかなしみでいっぱいです。早くチームの仲間とまた会って、野球がしたい！　大会で力を出したい！　全国のリトルリーグのみなさん応えんして下さい。》

横浜市に避難した6年生の手紙は、力のこもった太い字で綴られていた。続いて福島県三春町に避難した、中学1年生のK君からの手紙――。

《ぼくは原発事故で三春町に避難しています。一番残念な事は、友達と離ればなれになった事です。すごくさみしいです。このさみしさをまぎらわす事が出来る時間があります。それは、お父さんとキャッチボールをしているときです。地震が起こる前より避難している今のほうが、野球がしたくてたまりません。いつでも仲間がいて野球が出来た頃を思うと胸が熱くなります。みんなー、元気かー！　また野球すっぺな！》

鎌田さんから手渡された手紙を、私はつぎつぎと読んだ。

《「大地震、津波、放射線の怖さ」　3月11日、ぼくは玲磨と一緒に学校帰りのときでした。急にガラガラと道路や家がゆれ、近くにいたおじさんにこっちにおいでと言われ空き地に行き、座ってゆれがおさまるのを待ちました。その後、すぐにお母さんがむかえにきて家に帰る途中でした。海のほうを見てみると津波がきているのが見えました。家が警察署の近くだったため、屋上から「早く上にあがれ津波がきているぞ」と言われ、急いで上に逃げました。余震も続き「津波がきているから上に逃げろ」と放送が鳴り、眠れない日々が続きました。そんな中、原発の放射線の問題が起き、急いで福島に逃げました。落ちついた頃、双葉リトルのみんなの無事を知り、ものすごくうれしかったです。早く双葉リトルのみんなに会って、いつものように練習したいです。そして、全国大会に双葉リトルのみんなで行きたいです。ぼくはずっと野球をやりたいです。》

《ぼくは、地震直前まで教室にいました。そのとき大きい地震が起き、ぼくは「すぐに終わらないだろう」と思いました。しかし、時間が経つにつれ、地震は大きくなって、急に家が心配になりました。ゆれがおさまり、全校生で近くの山へ逃げ、そこから役場へ行った。家族全員が無事でよかったです。》

《僕は福島県双葉郡浪江町川添に住んでいます。僕は4月に中学生になります。原子力発電所の事故で、今は押切川体育館に避難しています。避難所で一番したいことは「野球」です。避難するのに急いでいて、グローブ、バット、ボールなどを持ってくるのを忘れてしまったために、好きな「野球」ができないでいます。避難所にあるボールなどを使って、キャッチボールなどをしています。今「野球」をしている人は幸せだと思います。その「野球」をできる幸せを少しでもいいから分けてほしいです。僕以外の人たちにもグローブやバットなどを分けてもらいたいです。》

《「心の叫び」　ぼくは、3月11日に学校帰りのところ、大地震にあいました。最初に心配したことは、チームメイトのことです。なぜかというと、みんなと最後の年に野球ができなくなると思ったからです。福島県は、大津波や、原発事故などがありました。

そのため避難指示や屋内待機などがありました。でも、いろいろなことが起きても自分たちの命があるのが一番です。ほかには家も流されて野球道具などもない人たちもいると思います。》

《ぼくは、初めて地震にあいました。そのときぼくは学校にいて、家の被害は知りませんでした。でも、次の日に家族に津波で家が流されてしまい、野球の道具も流されてしまったと聞き、とてもショックでした。もう野球ができないと思ってしまいました。ぼくはいま、避難していて野球の練習もしていません。早くみんなと野球がしたいです。甲子園の選手宣誓で言ってたように、野球は被災地の人たちを元気づけられるように頑張りたいです。被災者のぼくも野球で元気をあげられるような野球をしたいです。》

そして、鎌田さん宛の保護者からの手紙には、こう綴られていた。

《お忙しい中、いろいろ子どもたちのためにご尽力いただきありがとうございます。毎日ニュースを見ながら、鎌田さんや監督、コーチのみなさん、そしてお友だちのことを話しながら、野球ができる日を楽しみにしている玲磨です。また大好きなみんなと大好きな野球を思いっきりさせてあげたいと心から願っています。震災の日から今までの生活ががらっと変わり、不安でいっぱいですが、子どもたちの笑顔のために頑張って行きたいと思います。今後とも、よろしくお願いいたします。まだまだ寒さも厳しく慣れない環境の中での生活ですので体調などを崩されませんように、お身体どうぞご自愛下さいませ。》

手紙に視線を落とし、再び鎌田さんは言葉を続けた。

「3・11から1年間は、公益財団法人日本リトルリーグ野球協会の各地の連盟のみなさんには助けられましたね。『双葉を救え！』という掛け声で、夏休みの7月23日と24日には仙台青葉リーグが主催した『がんばろう東北・復帰親善野球大会』に招待していただいたし、そのときはプロ野球のオールスター戦を観戦することもできた。それに8月には『東日本リトルリーグ野球選手権大会』にも出場することもできたからね、もう感謝の気持ちでいっぱいなんですよ。私らの願いは『双葉の野球を守ろう！』ですから。それだけなんですよ」

双葉の野球を守ろう――。

そして、現在も原発で働く鎌田さんは、声を強めていった。

「原発事故は、東電の責任というよりも、国の政策の失敗が招いた人災だと思ってる。原発内で働いているからわかるけど、いまは簡素化、簡素化という感じで、私ら原発で働く者にもマスクなんかすることはないといってくる。毎日、広野町のJビレッジから会社のバスに乗って第二原発に行くんだが、本音としては行きたくないね。しかし、仕事を投げだしたら生活ができない。まあ、私が小学6年のときに原発ができて、地元の生活基盤となり、双葉町は豊かになった。原発がある辺りは岩盤が強いといわれていたし、まさか津波で事故が起こるとは思わなかったしね。なんぼスリーマイル島やチェルノブイリで原発事故が起こっても、福島原発は大丈夫だといわれ、そういった安全だという教育を受けてきたしね。……まあ、世の中が逆さまになった感じだよ。いまは何をいわれても疑心暗鬼でね、たとえば、除染、除染といって一般住民も除染を手伝っていると聞くけど、除染作業は被曝を伴う危険性もある。そういったことを行政側は、きちんと一般住民に伝えてやっているのか疑問だね。放射能は怖くないといってるみたいなもんだから……」

そう語る鎌田さんは、相双地区で唯一の社会人硬式野球クラブ「オール双葉野球クラブ」

を主宰していることでも知られている。

保護者たちが少年野球を守った

昨年12月10日、警戒区域からほぼ全域が「帰還困難区域」に指定され、少なくとも今後4年間は帰宅できなくなった大熊町――。

福島第一原発から自宅までの距離は約1・5キロ。毎日のように原発を目にしてきた奥山文男さんは、双葉高校野球部出身。東京に職を求めた後、地元のJAふたば（ふたば農業協同組合）に勤務し、大野小学校と熊町小学校の児童で編成される「大熊町野球スポーツ少年団」を率いて今年で11年目になる。3・11後は会津若松市に避難。毎日、片道約100キロの距離を1時間半かけ、福島市に移転した仮事務所に車で通勤している。

「この1年を振り返れば、なんか長いなあという思いです。息子たちが原発で働いているため、毎日が不安だった。とくに原発が爆発したとき、3男坊は原発内にいましたからね。後で免震重要棟の中にいたことを知り、一応は安心しましたが……。とにかく、生活のリズムも狂ってしまったし、住む場所も違いますからね。大熊町の人口は約1万1000人なんですが、そのうち4500人ほどはここ会津に避難していますから、みんな同じ思いではないでしょうか。大熊町とは違い、避難先の会津は雪国のために寒いし……。なんといっても子どもたちが可哀相です。私のチームの25人の子どものうち21人は会津に避難していますが、残る4人はいわき市や東京、新潟に避難してばらばらです……」

昨年の2月、そう電話で話をしていた奥山さんを前にしたのは、それから2ヵ月後の桜の蕾《つぼみ》が膨らんだ4月初旬だった。福島市飯坂町のJAふたばの仮事務所を訪ねると、まずは1ヵ月前の3月に一時帰宅で大熊町に戻った際の話をしてくれた。

「本来ならいま頃は大熊町の緑ヶ丘グランドで練習しているんですが……。まあ、原発から2・5キロ地点にある緑ヶ丘グランドは、こないだ行ったら雑草が生い茂っていましたね。除草すればまだまだ野球はできると思いましたが、もう無理でしょう。3・11が起きた昨年は、2回ほど一時帰宅することができたんですが、家は諦めたというか、住めないです。家族のアルバムとか記念になる物を持ってきたかったのですが、躊躇《ためら》ってしまいますね。まあ、ドロボウには入られていなかったんですが、何故か隠しておいた米は無くなっていた。たぶん置き場所を知っていた者の仕業だと思うんですが、よくぞ放射能で汚染された米まで持って行ったなあ、という感じですよ。1回目の帰宅の際に放射線量を計測したら37マイクロシーベルト（毎時）あったしね。その後は17くらいに下がったらしいですが、それでも人間が住める環境じゃない。もう故郷の大熊町で子どもたちと一緒に野球をすることは夢の夢、無理でしょう。正直いって、3・11から丸1年経ってしまうと、あんまり故郷へのこだわりはないです。もう住めないということがわかっているからだと思います。最近は、原発から5キロ圏内に住んでた世帯に補償金1億円だすといった話があり、それだったら仕事をやめてしまえという住民もいる。でも、1億円ですべては解決できないと思う。原発事故による精神的なダメージは計り知れないですから……」

そうしんみりとした口調で語る奥山さんではあるが、大熊町野球スポーツ少年団を見はなすことはできなかった。

3・11後も保護者とともに「大熊町から少年野球の灯りを消すな！」を合言葉に、できる限りの努力をしていた。

「これが昨年度の『平成23年度大熊町野球スポーツ少年団事業報告書』なんですが、3・11から2ヵ月後の5月からこれだけの大会に出場し、いろいろなイベントに参加することができたのは、すべて保護者のみなさんの協力があってのものです。3・11が起こる前まで私たち指導者は、保護者に『野球に関しては口出ししないでください』とね、口うるさくいっていたんですが……、もう頭が下がる思いです。試合に出る際は各自の車で子どもたちの送り迎えをしてくれますし、ガソリン代も馬鹿になりませんからね。保護者の協力があってこそ、こういった状況の中でも野球をつづけることができた。ありがたいのひと言ですね。原発から30キロ圏外の相馬市やいわき市などで開催された大会に、例年通り出場することができましたからね。それに遠くは香川県三木町《みきちょう》にも行けたし、茨城県土浦市などで開かれた復興支援スポーツフェスティバルや被災地支援大会にも行くことができた。選手たちにとってもよかったと思いますね。やっぱり、子どもたちは外で元気よく動き回っているのが一番です」

そういって奥山さんが手渡してくれた「平成23年度大熊町野球スポーツ少年団事業報告書」を見ると、たしかに3・11から2ヵ月後の5月からは精力的に活動を再開していた。月別に列挙すると——。

●5月　第31回全日本学童野球大会相双予選と第33回全国スポ少交流野球大会相双予選（以上、相馬市光陽グラウンド）

●6月　第33回全国スポ少交流野球大会福島県大会（いわき市マツザキガーデンJrグラウ

ンド）第4回Ｇａｓ Ｏｎｅカップ学童大会相双大会（相馬市光陽グラウンド）Ｇ戦被災者招待（始球式イベント選手と守ろうオンユアマークス、郡山市）

●7月　第16回マクドナルド杯学童野球相双大会（相馬市光陽グラウンド）第11回オール東山復興支援学童野球交流大会（会津若松市）第22回福島民報社主催県民野球大会（いわき市いわきグリーンスタジアム）

●8月　三木町東日本大震災復興支援スポーツフェスティバル（香川県三木町）第10回サンバッティングセンター杯と第8回会津信用金庫杯争奪戦学童野球大会（以上、会津若松市）第9回東北新人学童相双予選大会（相馬市光陽グラウンド）

●9月　親子バーベキュー大会（会津若松市）

●10月　第9回フレスコ杯争奪少年野球相馬大会（新地町新地町民野球場）

●11月　親子野球大会・6年生を送る会（会津若松市）第13回いわき学童野球新人大会（いわき市いわきグリーンスタジアム、ときわ台運動公園）土浦市紫峰会秋季大会・東日本大震災被災地支援（土浦市市民運動広場）

●12月　ベースボールクリスマス２０１１inいわき（いわき市いわきグリーンスタジアム）楽天イーグルス野球教室（会津若松市）喜多方スポ少交流会（喜多方市、会津若松市、

●1月　野球教室・野球で遊ぼう～キャッチボールイベント（会津若松市　会津板下町《あいづばんげまち》）

昨年の4月から大熊町野球スポーツ少年団は、会津若松市のスポーツ少年団に加盟。現在、大熊町の熊町小学校と大野小学校の児童は、区域外就学として会津若松市の旧・河東第三小学校の校舎を借りて授業を受けている。

「冬場は雪のためにグラウンドでの練習はできませんね。だから、この冬は体育館で筋トレを中心に身体を鍛えました。もちろん、キャッチボールやランニングは欠かさずやりましたが、子どもたちは走ることが大好きですね。もう練習開始1時間ほど前からやってきては走ってる。まあ、相馬市の光陽グラウンドで試合をやったときは、南相馬などのチームも出場していた。相双地区にはチームが38もあって、少年野球が盛んですからね。私らも負けないように頑張りたいと思います。やっぱり、みんな『野球の灯りは消さないぞ！』の思いでやってますからね」

そう奥山さんは、熱がこもった口調でいった。

奥山さんへの取材を終えた後、私はＪＡふたばの仮事務所から福島交通飯坂線の桜水駅まで歩いた。その途中、リンゴや桃などの果樹園があり、おじさんがチェーンソーでリンゴの木を切っていた。カメラを手に声をかけた。

「もったいないですねえ。リンゴの木ですか？」

私の声に気付いたおじさんは、チェーンソーのスイッチを切って取材に応じてくれた。

「ああ、リンゴだ。梨は山のほうでつくってる。ここら辺はリンゴ畑がほとんどだが、いくらふじでもさっぱりだ。売れねえよ。福島産のふじは、青森産や長野産なんかより美味《うま》いけどどな。他県のふじは赤っぽいが、福島のふじは見た目は少し悪いが黄色っぽいくて美味いんだ」

「そうですか。じゃあ、人間と同じで顔でなくて、中身なんだ」

「んだ。でもな、放射能を浴びてっから売れねえ。風評被害で何もかもメチャクチャだべ。桃も売れなかったな」

「切った木は、暖炉の薪《まき》にもってこいですよね？」

「ああ、よぐ知ってんな。桜やリンゴの木は、燃やしても臭ぐねえがらな。でもなあ、放射能で売れねえ。タダでもいいんだけども、だれも持ってがねえ」

「補償金はでますよね？」

「でても関係ねえ。おらは先祖に申し訳がねえだけだ。金は先祖にあやまってくんねえ。このリンゴの木は、30年は経ってんだ。切ったらおしめえだよ……」

おじさんと会話を交わしながら、1ヵ月前を思いだした。

3月10日、3・11から丸1年を迎える前日だった。JR福島駅前からバスで南相馬に向かった。その前に腹ごしらえのため、いつものように福島駅構内の立ち喰いそば屋に寄った。コンコースの片隅には、蕾《つぼみ》が弾けた桃の木が植えられた鉢が3つ並べられていたが、2週間ほど前はもっとあったはずだ。店員に聞けば、たしかについ最近までは10鉢以上並べられていた。が、乗降客の間から「放射能で汚染されているのではないか」といった声が囁《ささや》かれたため、すぐさま撤去されたのだという。

風評被害で何もかもメチャクチャだべ——。

リンゴの木を切るおじさんの後ろ姿を見ながら溜息をついた。

†東電は遠征のたびに寄付金をだしてくれた

福島県の浜通りの大半を成す相双地区は、太平洋の海岸沿いを南北に走るJR常磐線と国道6号線で、数珠つなぎのように縦につながっている。相双地区は「東北の湘南」と称されることもあるが、それは太平洋に面し、南相馬市原町区北泉海岸がサーフィンポイントであり、冬でも雪が少ないからだろう。

その間には東京を中心に関東地方の電力を賄う東京電力の福島第一と第二原発を擁し、サッカーチームがキャンプを張ることができる設備も整うJヴィレッジもあるが、JR常磐線は単線である。旧選挙区の福島3区選出の政治家には、自民党の斎藤某という大物代議士がいたが、彼は幹事長に就いたものの、複線にする約束を果たせないまま鬼籍に入った。木村某という辣腕《らつわん》県知事もいたが、汚職事件の首謀者として収賄罪で逮捕された。また、田中某という政治家もいたが、こちらは何もできずに妻の地盤の新潟に鞍替えしてしまった。国策の原発はあるものの、相双地区は政治とは縁のない地でもある。

それはともかく、相双地区は相馬郡の北から新地町・相馬市・南相馬市。双葉郡に入ると浪江町・双葉町・大熊町・富岡町・楢葉町と南下し、南相馬から双葉郡の南端の広野町までの距離は約50キロ。車で1時間ほどだ。

しかし、3・11後は福島第一原発から半径20キロ圏内の警戒区域は立入り禁止となる一方、JR常磐線の広野駅と原ノ町駅間は不通となってしまった。そのために南相馬市から広野町に行くには、阿武隈山系の山あいに位置する飯舘村と川俣町を超え、二本松市などを通り、郡山市から高速道路の磐越道でいわき市に入る。さらに常磐道を北上。東電の広野火力発電所が臨むことができる、広野インターチェンジで降りる。なんと4時間近くかかるのだ。

その広野インターチェンジの出口で「広野町野球スポーツ少年団」監督の大和田一政さんは、私を出迎えてくれた。名刺には「東北に春を告げる町　広野」と記されている。22年前の1990（平成2）年にチームを発足して以来、大和田さんは監督一筋で、広野町の少年野球を支えてきた。

「双葉の斉藤（恒光）さんも同じだと思うけど、あの3月11日は翌日から始まる、南双葉学童野球選手権大会に出るため準備をしていた。まあ、21人の子どもも保護者も無事だった。家の崩壊はあるけどね。私の場合も、この家から海岸までは1キロくらいしか離れていないんだが、JRの常磐線が防波堤になったために津波による被害はなかった。ただ、原発事故のために緊急時避難準備区域になった広野町の住民のほとんどは、石川町や小野町、いわき市などに避難してしまった。私のこの家の周りの放射線量は、0・8マイクロシーベルト（毎時）くらいでたいしたことはないと思うんだが、子どもを持つ親たちは心配するんだろうなあ、町から離れてしまった……」

——0・8マイクロシーベルトはたいしたことないと思う……。

この言葉に驚く私を気にせず、自宅で取材に応じてくれた大和田さんは、3・11を振り返った。続けて語る。

「一応、残念ながら広野町野球スポーツ少年団は、7月23日の大会に出場した後に休部にしてしまった。まあ、最後の大会ということで、その前に思い出づくりということで、保護者も含めて石川町で合宿をした。『最後は頑張ろう!』とね……。試合のほうは、初めはリードしていて、いけるかもしれないと思ったんだが、練習不足だったために逆転されて負けてしまった。エースの子の指の皮がむけちゃってね。試合後の夜はみんなでバーベキューをし、私は『広野町野球スポーツ少年団は解散ではなく、休部だからまたやろう』っていった。とにかく、広野町役場は、いわき市に間借りしている状態のため、グラウンドを借りようとしても難しい。子どもたちには、私の知っているいわき市のチームを紹介し、野球をつづけさせたい。しかし、広野町の子どもは『内弁慶、外みそ』といわれるくらい表にでたらおとなしい。だから、続けるのは無理かもしれない……」

そう語る、1953(昭和28)年生まれの大和田さんは、地元いわき市の四倉高校野球部出身。高校3年の夏の甲子園県予選ではベスト4入りが最高の成績だったという。広野町野球スポーツ少年団の監督を引き受けたのは、33歳になる年だった。

これまで22年間で心に残る思い出は？

「そうだな、監督になったばっかりの頃は、ルールを覚えさせるまでは苦労した。そのため勝つまで2年はかかった。当時は新地町に『新地ブルーハリケーン』というチームが強くって、そのBチームとやって勝った。とにかく、負けてばっかりだった。まあ、一番よかったのは、10年前の平成14年に東北大会で優勝してね。初めて全国規模の北海道の旭川で開催された『全国スポーツ交流大会』に出場したときだね。遠征旅費などが足りないために、町役場に補助金を申請したらなかなか下りない。手続きが難しいとかいってね。それで私自身が、寄付金集めにあっちこっち回っていたら、町役場が『なんで補助金を申請しながら、寄付集めをしてんだ』と怒ってきた。しかし、いろいろとお金はかかるしね。そうこうするうちに東電が助けてくれたんだ。お祝い金だけじゃなく、系列会社にまで声をかけ、寄付金を出してくれた。総額で220万円くらいになって、それで子どもたちを無事に北海道の旭川まで連れて行くことができた。それが最高の思い出だね……」

ここまで話すと、語気を強め続けていった。

「震災後にマスコミや世間の人たちは、今回のことを『人災だ、東電の責任だ』といっている。でも、私は単純に東電が悪いとは思わない。原発を推進したのは国だしね。すべて国に責任があるんだ、原発推進は国策なんだから。広野町には東電の火力発電所があるし、東電で働いている野球関係者もいる。野球を通じて共存共栄をしているし、息子も東電で働いている。原発は怖いだろうといわれても、東電の仕事をして多くの町民の生活が成り立っている。それに東電はいろんなことに気を使ってるんだ。住民の安全を心配しての安全推進協議会というのもあるし、寄付もしてくれる。東電からの寄付は1万円だけど、関連企業はいっぱいあるしね。『みんな寄付に協力してくれよ』と声をかけてくれる。広野町は東電がなかったら、ひどい町になってたんだ。私の親は仕事がなかったため出稼ぎに行って、苦労していたしね。それを思えば、単に人災だとはいえない。そう私は思っている……」

3・11から1年後の3月1日、避難する住民の帰還を促すため、役場機能を従来の広野町役場に戻した。しかし、緊急時避難準備区域が解除されても帰還する住民は少ない。2013年1月時点で640余人ほどである。

もちろん、広野町野球スポーツ少年団は休部したままだ。

取材後に大和田さんは、広野町の町営グラウンドに案内してくれた。ブルーシートで覆われた瓦礫があちこちにある。

「人口約5100人の町にしては立派なグラウンドだけど、何もできねえ。震災後はグラウンド一面に鉄板が敷いてあって、何か異様な感じだった。あそこにあるフットサルのコートなんかは、できたばっかりなのにほとんど使ってない。早く除染してもらわないと困るんだ……」

大和田さんと別れた後、広野町と楢葉町の町境目にあるJヴィレッジ、原発から20キロ地点に行った。サッカースタジアムのスコアボードの時計の針が2時46分を指したまま止まっているという、Jヴィレッジから作業員を乗せたバスがつぎつぎと原発に向かって走り去る。原発から帰ってくる車もある。窓から外を眺める防護服姿の作業員に手を振ると、笑っていた……。

第4章

消える原発禍における高校野球

†放射能が高校野球を奪った

3・11――。

その日の福島県の太平洋側に位置する浜通り地方。相双地区の天気は朝から晴れだった。しかし、最高気温は7度前後であり、さらに昼を過ぎる頃になると一段と冷え込み、夕方あたりからは雪になると予報された。3月を迎えても、例年とは違って冬型の気圧配置が続いていたからだ。

この相双地区で福島県高校野球連盟に加盟する高校は、北から県立校の新地高校・相馬高校・相馬東高校・原町高校・相馬農業高校・小高工業高校・浪江高校・浪江高津島校（軟式）・双葉高校・双葉翔陽高校・富岡高校の計11校である。3・11が起こる前年、2010（平成22）年まで夏の甲子園大会出場を果たしている高校は1校のみ。双葉高（55回、62回、76回大会）だけであるが、ここ数年は原町高が力をつけ、前年の夏の県大会ではベスト8となり、県秋季大会ではベスト4入り。2011年の春のセンバツ大会には選出されなかったものの、県高野連の推薦で21世紀枠出場候補校となっていた。

ともあれ、3・11の3日前。3月8日には練習試合が解禁となり、各校とも練習に熱が入っていた。翌12日の土曜日には、練習試合を組んでいた高校も多かった。

海岸線から約2キロ離れた国道6号線。そこから300メートルほど内陸部に入った、高台にある新地高校は、原発から北へ約55キロ地点にある。

野球部監督の酒井良雄さん（現・相馬東高）は、いまでもその日を思いだすと背筋が寒くなる。すでに生徒は帰宅し、入試の合否判定会議をやっていたときだ。突然、校舎が激しく揺れだした。2日前にも震度5の地震があったため「また地震か……」と思ったが、揺れはおさまらない。時計の針が3時を指し、津波警報がでた。それから30分ほど経った頃だろうか。遠くから「津波がくるぞお。逃げろお！」の声が聞こえたため、とりあえず同僚の教職員たちと校舎3階に避難し、窓から海のほうを眺めた瞬間、あ然とした。なんとJR常磐線の線路を乗り越え、国道6号線近くまで津波が押し寄せてくるのが、確認できたからだ。

「バシャ、バシャ、バシャ、バシャ……」

そんな調子の不気味な音を発しながら、津波が襲ってきたのだ。酒井さんは、ひたすら生徒の無事を祈った。

——昼前に練習を終えた野球部員は、自宅に帰っているはずだ。頼むから逃げてくれ。

翌日、相馬市内の自宅に戻った酒井さんは、生徒たちの安否確認を始めたが、苛立つばかりだった。なにせガソリンが手に入れることができずに外出できないばかりか、携帯もなかなかつながらない。各地の避難所に出向き、ようやく生徒の安否確認ができたのは、3日後の14日であり、幸い在校生全員の無事が確認でき、胸を撫で下ろした。

しかし、すぐさま落胆した。送りだしたばかりの卒業生8人が犠牲になっていた。このことは隣接する相馬市の相馬高と相馬東高の場合も同じだった。就職や進学する前に自動車免許証を取得したかったのだろう、車で15分もかからない宮城県山元町《やまもとちょう》の自動車教習所に送迎用のマイクロバスで向かう途中、津波に襲われたのだ。

さらに酒井さんは肩を落とした。2年前に卒業した元部員を失ったからだ。その日は非番のため自宅にいて、隣家に住む年寄りを助けた。そのために逃げ遅れ、津波にさらわれたという。優しい部員だった……。

新地高校から国道6号線を南に3キロほどの相馬市——。

相馬高校の監督・桑名修さん（現・原町高）は、体育館で体育授業中だった。2時46分。

瞬間、体育館の屋根がパクパクという感じで、上下左右に大きく揺れ、床と壁が鳴くような音を発した。即座に生徒を校庭に避難させたが、その地震の揺れのすごさに驚いたのだろう、女子生徒の中には泣きじゃくる者もいた。

10分後。「津波がくる！」という情報を得て、校長の指示で全校生徒を徒歩5分で行ける「スポーツアリーナそうま」に引率。父母が迎えにきた生徒だけの帰宅を許可し、その他の生徒は翌日に帰らせることにした。

そして、翌日の12日には福島第一原発1号機建屋で水素爆発が起こり、さらに14日には3号機が爆発。部員たちは県内はもとより、秋田・新潟・埼玉などの県外に避難してしまったのだ。

以来、1ヵ月後の4月11日まで、部員たちと顔を合わせることはなかった。

相馬高監督の桑名さんが、当時を振り返る。

「授業中の携帯使用は禁止なんですが、震災後は部員たちと携帯のメールで連絡を取り合っていました。『焦るな！　夏に向けて準備をしておこう』『絶対に再会できる。時期を待て！』『身体をなまらせるな！』とか……。家が全壊した生徒は50人ほどいたし、卒業生2人が亡くなりました。2人とも山元町の自動車教習所にマイクロバスで向かっているときに津波に襲われたためです。状況が状況だけに子どもたちの心のケアが心配でしたね。とにかく、携帯のメールの威力はすごかった。キャプテンにメールを入れると、1時間以内に全員に伝わる。家族の安否もメールでわかりました」

相馬高と同じ相馬市内にある、監督の荒井巖重さん（現・勿来《なこそ》工業高）が率いる相馬東高野球部も同様だった。

「もう震災後しばらくは『野球をやりたい』という考えは、まったくなかったですね。それよりも生徒と、その家族の安否の確認が急務でした。避難所を訪ね回っても、途中でガス欠になって戻れなくなったり。『学校は再開できるのか?』『原発爆発でどうなるのか?』と考えると、苛立つ毎日でした……。4月の半ばに練習を開始したときは、部員は10人しか集まらなかったんですが、とにかく『野球に感謝しながら、全力でやろう!』とね。自動車教習所に通っていて亡くなった、元部員もいますから……。『先輩の分まで頑張ろう』と、そう部員にはいいました」

以上の状況を県高野連に報告したのが、理事でもある新地高監督の酒井さんだった。

「震災後、すぐに県高野連理事長の宗像治先生（福島商業高）から『相双地区の状況を知らせて欲しい。春季大会開催が心配だ』という電話があり、各校の顧問と連絡を取ったん

旧・相馬女子高体育館を仕切り、授業を受ける相馬農業高校

原町区泉地区の瓦礫置き場に掲げられた日の丸……

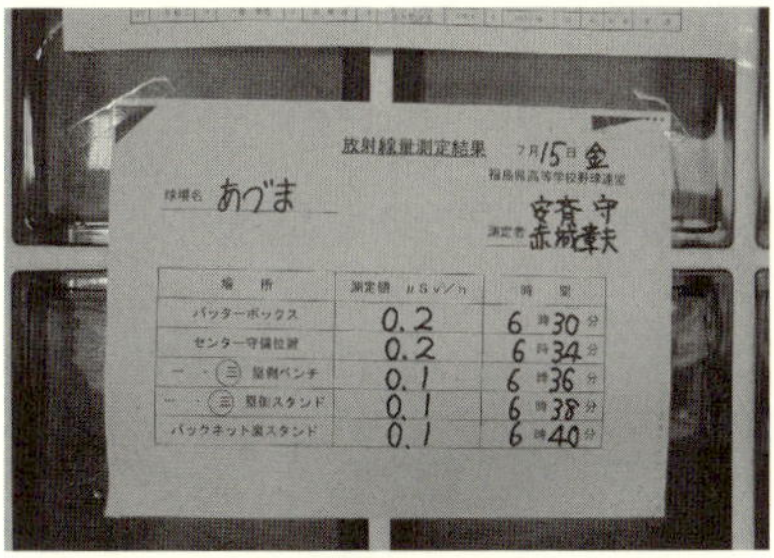

2011 年夏の甲子園大会福島県予選で球場内に掲示された
放射線量測定結果

高校野球の原町高校・双葉高校・相馬農業高校の連合チーム
「相双福島」を応援する保護者たち

雑草が茂る野球場（飯舘村）

飯舘村役場敷地内にあるモニタリング。
毎時2・64マイクロシーベルトの高い放射線量が計測されていた
（2011・10）

前双葉高野球部監督の田中巨人（なおと）さん。「全国からの救援
物資はありがたいです。でも、正直にいえばお金が一番欲しい」

ですが、『野球をする状況じゃない』と。とくに双葉郡の高校は『部員はどこに避難しているかも把握できていない』と……。そこで、宗像先生に『相双地区は春季大会どころじゃないです』と伝えました。その結果、福島県では春季大会を中止にした。相双地区以外の高校は、野球をできる状態なのに中止にしてくれたんです。感謝します……」

厳しい顔を見せ、酒井さんは続けていった。

「とにかく、原発事故がすべてでした。放射能はどうすることもできない。放射能が相双地区から野球を奪ってしまったんです」

放射能が相双地区から野球を奪った――。

新地町と相馬市の死亡・行方不明者は、実に570余人を超えた。全壊・半壊した家屋は1000棟以上に及んだ。

†野球よりも、まず「命」だった

警戒区域や緊急時避難準備区域、計画的避難区域となった、原発から半径30キロ圏内の高校は、さらに過酷な状況にあった。南相馬市の原町高や相馬農業高の体育館、南相馬市スポーツセンターの体育館は、遺体安置所となってしまった。

もちろん、原発爆発により、南相馬市の原町高・相馬農業高・小高工業高の野球部員は県内や県外に避難。部活どころじゃなくなった。その上に文科省の指示で、校舎、グラウンド、体育館などの施設も放射性物質汚染のために使用禁止となった。追い打ちをかけるように風評被害が出始めた。支援物資がストップし、心あるボランティアの人たちも南相馬市入りを躊躇《ためら》うようになった。

原発事故の避難区域にある県立高校は、3・11から実に59日も経った5月9日から「サテライト（衛星）方式」と称される、県内の各高校の空き教室や体育館を間借りしての授業を開始した。つまり、生徒たちは分散しての授業を課せられたわけだが、その実態は「厳しい！」のひと言だった。

3・11から2ヵ月後の5月、私は相双地区の高校のサテライト校をつぎつぎと訪ねた。

原発から20キロ圏内の警戒区域に位置する小高工業高は、なんと二本松工業高（二本松市）郡山北工業高（郡山市）会津工業高（会津若松市）平工業高（いわき市）相馬東高（相馬市）の5校に分散しての授業を余儀なくされていた。二本松工業高の空き教室に設けた職員室に案内してくれた、野球部顧問（現・監督）の峯岸聡さんが溜息混じりに語った。

「とにかく、震災後は野球部に限らず、いまも部活のことは考えられない状態です。県内5校の高校に分散し、かろうじて授業はやっているんですが、全校生徒約600人中、約半数の生徒は県内や県外の高校に転学してしまいましたからね。原発爆発後は、部員たちがどこに避難したか、安否を確認するだけでも大変でした。春の甲子園センバツ大会？　テレビ観戦などできる状態ではなかった。生徒も私たち教員も、言葉では表現できないほどの生活を送っていましたから……」

そして「原発の町」の双葉郡の浪江町・双葉町・大熊町・富岡町・楢葉町の5町。その地にある浪江高・浪江高津島校・双葉高・双葉翔陽高・富岡高の5校の野球部は、さらに酷い状況に直面していた。

前章に記したように双葉高の場合は、福島南高（福島市）・葵高（会津若松市）・あさか開成高（郡山市）・磐城高（いわき市）の4校に分散した。しかし、本来ならば全校生徒数は600余人だが、約400人の生徒は県内や県外の高校に転学。200余人の生徒しか残らなかった。

そのうちの62名の生徒が授業する、あさか開成高を訪ねたのは5月13日だった。監督の田中巨人《なおと》さん（現・若松商業高）が、震災後の野球部について語った。

「3・11で、すべてが狂いました。翌日の12日には今年初めての練習試合を組んでいて、私も選手たちも『明日から試合だぞ！』という感じだった。双葉高に赴任して今年で5年目になるんですが、今年のチームには手応えを感じていましたから。昨年の秋季県大会にはブロック大会で負けて出場できなかったんですが、部員はよほど悔しかったんでしょうね。今年に入ると、精神を鍛えるために部員は進んでボランティア活動をするようになった。雪かき、道路や川の掃除とかをですね」

空き教室に設置された、雑然とした狭い臨時の職員室。父親がプロ野球の大の巨人ファンということで「巨人」と命名され、この6月で38歳を迎える田中さんは、真っ直ぐな視線でいった。

「そういったことでチームが変わり、いい雰囲気になっていたんです。双葉高は去年の春季大会でベスト3になり、東北大会に出場しているんですが、1年前のチームに匹敵する力をつけてきたため、本当に期待していた。その矢先の震災でしたから……。2、3年生の部員で残ったのは16人だけです。あとの16人は他校に転学してしまいましたね。母校に残って野球をやるのがいいのか、他校でやるのがいいのか……。正直、私にはわかりません。『頼むから残って欲しい』ともいえませんでしたね。県内の高校に転学した部員と対戦することもありえるし、複雑な気持ちです。でも、部員が半分になっても、野球ができる喜びは、部員にも私にもあります。50日間も野球ができない状態でしたからね。3・11以来、今日まで双葉高には行っていないし、部室やグラウンドがどうなっているのか心配です。一時帰宅は許されるかもしれませんが、はたして野球道具を運びだすことができるか。今はここのあさか開成高さんから用具を借りて練習をやっていて、それはそれでありがたいことです。でも、やっぱり部員たちには使い慣れた用具でやらせたいですね……」

正直な胸の内を、田中さんは語った。

同じく原発の町・浪江町にある浪江高は、安達《あだち》高（二本松市）と好間《よしま》高（いわき市）の2校に分かれて授業をしている。もちろん、在校生の半数は県内や県外に転学してしまった。

安達高を訪ねた。2010年春に浪江高に赴任した、部長の齋藤英樹さんが快く取材に応じた。

「2、3年生の部員は16人です。本来は20名ですが、4人は転学してしまいましたね。原発がありますから、もう戻ってくることはないでしょう。寂しいというか、悔しいというか、とにかく残念です。でも、原発で働いている親を持つ部員もいるし、浪江町は原発の恩恵も受けていますから、複雑な心境ですね。他の高校と比べると浪江高の場合は、運がいいほうです。16人の部員全員が安達高で授業を受けているし、部室や倉庫に保管していた用具類は立ち入り禁止になる前に、保護者のみなさんが車で運びだしてくれましたからね。それに安達高の先生が、グラウンドをならすトンボを15本も作ってくれた。ありがたいです。そのお陰で野球はできるんですが、問題は練習する場所です。今は軟式野球場の安達野球場でやっているんですが、毎日できるわけじゃないし、ここから6キロも離れている。ランニングする距離としてはいいんですが、帰りは疲れているし、荷物もあるため大変です。そのため二本松市役所に中古の放置自転車があれば提供して欲しいと、交渉していてます。部員たちは、県で用意してくれた岳温泉の旅館や民宿などの避難所から通学していますから、少しでも楽をさせてあげたいんです」

この日の浪江高ナインは、午後7時過ぎまで安達野球場で2時間ほど練習をした。監督の紺野勇樹さん（現・白河高）は、練習に励む選手に強い視線を送りつつ語った。

「とにかく、あの日からは野球のことよりも『我われは果たして生き延びることができるのか』という思いでした。部活とか学校とかよりも、まずは『命』でしたからね。部員と、その家族の安否が心配でした……。だから、野球のことを考えだしたのは、つい最近です。部員たちと再会したのは5月3日で、この安達野球場で会ったんですが、部員のユニホーム姿を見たときは……。思わず涙を流してしまいましたね。正直いって『原発がなかったら』と思います。原発でチームはばらばらになってしまったし、一時は部員から野球を奪ったんですからね。私個人としては、いまも怨《うら》んでます……」

2010年の5月末までに福島県高校野球連盟に加盟した高校は89校（87チーム）だが、軟式野球部は5校と少ない。かつては11校だったが、少子化のために徐々に休部を余儀なくされている。残っている5校のうち4校は、本校と分離して設けられている分校だ。

その1校である、浪江高津島校は二本松市に避難。当時の二本松文化センターで授業をしていた。浪江町津島地区は、原発から30キロほど北西にある山あいに位置する。しかし、毎時10マイクロシーベルト以上を遥かに超す、空間での放射線量が計測された。そのため原発事故から1ヵ月後の4月11日に「原発から半径20キロ圏外でも、積算放射線量が年間で20ミリシーベルトに達する恐れがある」という政府判断から「計画的避難区域」に指定されたのだ。

「私たちの津島校は、原発から約28キロ地点の山あいにあるため、3月12日の原発爆発のときは、浪江町民の避難所になりましたね。もう小さな高校で1200人ほどが避難してきて体育館も教室も満杯で大変でした。校庭は駐車場になり、3日後の15日は放射能で『ここにいたら危険だ!』ということで、もうパニック状態でしたね。それまで原発のことは、まったく考えたことはなかったんですけど『これはもう、大変なことになった』と……。もちろん、生徒たちも避難しました。生徒数は61人だったんですが、そのうちの11人は県内だけでなく、宮城・千葉・新潟・埼玉などに転学してしまいました。残念ながら野球部員も1人だけですが、会津坂下高に転学しました。この4月には11人の新入生が入学し、そのうち男子生徒は6人なんですが、私のほうから『入部しないか?』とはいえませんね。はっきりいって、野球など部活をしている場合じゃないんです」

二本松文化センターのロビー。監督の谷津田裕紀さんは、しんみりとした口調で取材に応じた。続けていった。

「津島校は生徒と教職員のコミュニケーションがよく、アットホームですから、寂しいですね。野球部員は11人ですが、2人は女子マネージャーで、男子部員はぎりぎりの9人です。でも、部活はやりたいということで、練習は空き地を見つけてキャッチボールをしています。6月に入ってから本格的に練習をやることにしていますが、問題はグラウンドの確保ですね。二本松市役所に問い合わせたところ、週に練習できるのはせいぜい3日くらいらしいですから。たしかに津島校は弱いチームですが、部員全員が軟式をやりたいといって入部してきています。だから、練習だけは思いきりやらせたい。とくに3年生にとっては最後の夏ですからね……」

3年生の主将・今野忠幸君と、2年生エースの菅野達也君も同席してくれた。2人ともグローブやバットなど野球用具を持参し、3月16日に津島から離れ、家族とともに避難した。今野君は栃木県に避難した後に二本松市に移り、菅野君は津島から二本松市に避難した。他の生徒も教職員たちも、避難所を転々としながら、この5月からは福島市、本宮《もとみや》市、二本松市のアパートや避難所、または県が避難所として確保した温泉旅館や民宿で生活。二本松文化センターに通っている。

「一応、今年の夏の大会には出場できると思うけど、3年生が引退したら2年生は4人だけで……。1年生が入ってこないと新チームはできない。みんな野球をしたいと思っていますから……。放射能のせいで津島から避難したんですから、原発を怨んでいます……」

プロ野球の楽天の鉄平《てっぺい》のファンだという、主将の今野君はいう。

巨人の小笠原道大《おがさわらみちひろ》が好きだという、エースの菅野君もいった。

「ぼくもキャプテンと同じで、津島に帰りたいため放射能のことは怨んでいます。もう2ヵ月以上も練習してないし、早くユニホームを着て、思いきり投げたいです。とにかく、自分は野球をやりたいし、早く津島に帰りたいです」

津島校の場合は、毎年7月に夏季スポーツ大会と称してバレーボールとソフトボールの学年別の対抗戦。12月にはバレーボールとバスケットボールをやる冬季スポーツ大会を開催しているが、中止になる可能性が大だという。修学旅行も中止となった。このことは他校も同じである。

†救援物資よりも、お金が欲しい……

3・11から丸2ヵ月後の5月14日。福島県高等学校野球連盟は、事務局を構える福島商業高校で午前10時から「震災対策会議」を開いた。相双地区の硬式野球部を擁する、10校の監督、部長、顧問が出席した。

実は震災40日後の4月21日に、第1回の会議を開いていた。しかし、理事長の宗像治さんによれば、原発から半径30キロ圏外の新地高・相馬東高・相馬高の3校はともかく、その他の30キロ圏内の被災校の場合は、部員や、その家族の避難先さえも把握できない状況だったという。

「つい5日前の9日から、ようやく練習し始めた高校もあるし、新入生が何人入部したかもわからない。震災の時期には入学試験の合否を決めていた高校もあったしね。とにかく、異常事態だったんです」

そのような事情があったために理事長の宗像さんは、あらためてこの日に震災対策会議を開き、現場の声を聞くことにしたのだ。

ともあれ、つぎつぎと現状が報告された――。

「2、3年生の部員は9人で、そのうち女子マネージャーは2人です。新入部員は6人ですが、部員たちは安達東高・小野高・坂下高・平商業高の4校に分散して授業を受けていますから、練習をするにも厳しい状況です。転学した部員は8人です。監督の私自身は基本的にサテライト校の安達東高で授業をしていますが、月曜と水曜はサテライト校の小野高（田村郡小野町）でも授業をしなければならず、放課後といっても毎日野球部の練習に顔をだすことは時間的にきついというか、無理です……」（双葉翔陽高・服部芳裕監督）

「2、3年生の4人のうち、1人は続けて部活をしたいといっていますが、3人はいろいろな都合で部活は無理だといっています。転学した部員は4人で、神奈川と新潟に1人ずつ。県内転学は2人。いまのところ新入部員は1人も入っていません。3年生部員の1人は、サテライト校の光南高（西白河郡矢吹町）にお世話になっていますが、何分にも1人のためになかなか入って行けないというのが現状です……」（富岡高・坂本収司監督、現・磐城桜が丘高）

「現在の部員は男子1人、女子1人です。部員1人は相馬高から声をかけていただいていますが、選手自身は躊躇っているようです。転学者は4人で、男子3人の女子1人。県内と県外に2人ずつです。昨日の5月12日から旧・相馬女子高の体育館で授業を開始し、新入生に部活紹介をしましたが、まだ新入生の入部者は決まっていません……」（相馬農業高・三浦太陽部長、現・福島西高）

「16人の部員が転学し、残った2、3年生の部員は16人で、1人が女子マネージャーです。しかし、部員は磐城高に10人、あさか開成高と福島南高に3人ずつと分散しているため、なかなか合同練習はできない状況です。新入部員の2人は、磐城高と福島南高で授業を受けています……」（双葉高・田中巨人監督、現・若松商業高）

「16人の部員がサテライト校の安達高で授業を受けています。その点においては他校よりも恵まれていると思いますが、野球をつづけたいため、家族と離れて避難所から通学している部員もいます。転学者は4人で、いまのところ新入生2人が入部したいといっています。私自身についていえば、安達東高をサテライト校にしている双葉翔陽高に出向いて国語を教えています。何故なら双葉翔陽高には3人の国語教師しかいないのに、4校のサテライト校があるためです……」（浪江高・齋藤英樹部長）

「2、3年生部員は17人で、相馬高で16人が授業を受け、他の1人は女子マネージャーで福島西高にいます。新入部員は獲得したいのですが、そのような時間は何かと忙しいためにありません。問題は練習時間です。7時限目の授業が終わるのが5時5分のため、練習時間は2時間もないのです。それに練習場の確保も難しい……」（原町高・草野圭一顧問）

「2、3年生の部員は25人で、そのうち18人は二本松工業高で授業を受け、他の7人の部員は相馬東高にいます。転学者は2年生の3人で、新入部員はいまのところいません。監督の片山（龍）はサテライト校の平工業高に常駐していますが、サテライト校の二本松工業高にいる顧問の峰岸は、週に2回は福島南高で授業をしています。私自身は週に3日は郡山北工業高、あとの2日は会津工業高で授業をしています……」（小高工業高・鈴木康

雅部長）

「部員は26人で、そのうち新入部員は7人。転学者は1人のみです。小高工の7人の部員とともに練習をしています……」（相馬東高・荒井巌重監督、現・勿来工業高）

「転学者は2人で現在の部員は2、3年生が18人。6人の新入部員を入れて24人です。原町高と相馬農業高の2校をサテライト校として受け入れているため、毎週火曜日は原町高にグラウンドをあけ、その他の日はナイターで練習をしていただいています……」（相馬高・茂木拓部長）

「2、3年生部員は4人ですが、新入部員が7人のために安心しています。毎日ではないんですが、相馬高をサテライト校にしている原町高が練習にきてくれるため、部員の少ないわが校としては助かっています……」（新地高・酒井良雄監督、現・相馬東高）

以上のような現状が各校から報告された。会議は約2時間に及び、つぎのような本音が語られる一方、要望も出された。

――入場式に必要なプラカード、校旗、校名旗、背番号などは体育館に保管してありますが、とくに原発から20キロ圏内にあるうちの場合は、運びだすのは難しいです。校長に訴えても無理だと思います。学校としては学籍簿などの重要書類を運び出すほうを優先すると思いますので……。

——全国から支援物資をいただき、本当に感謝しています。しかし、いくらいただいても置く場所がないんです。サテライト校に間借りしているため部室はないし、職員室も狭いですから。それに古着のジャンパーなどをいただいても困るだけです。これからは暑くなる一方ですから……。

——本音をいえば、部活どころじゃないです。しかし、とくに野球の場合は保護者が熱心なためやらなければならないという、そういった使命もあります。現状を考えれば、野球だけに集中することはとうてい無理なんですが……。

——マスコミはサテライト校で授業している被災校は、勝手に部活はできないと思っているようです。だから、きちんと取材してもらって、生徒たちが学生生活を送れるような報道をしてもらいたいです。とにかく、部員に限っていえば、精神的にだいぶ落ち込んでいますが、いままで通りに野球がしたいんです……。

——あまりいいたくはないんですが、物資よりもお金が一番です。顧問会議にでたり、部員を引率して遠征に行く。その場合は、校長の許可は下りますが、出張手当などがでるかどうかは現段階でははっきりしていません。部員にも新しい用具を与えてやりたいです。私たち顧問のガソリン代も馬鹿にならないです……。

——校長や教頭の管理職は、部費をどうやって捻出《ねんしゅつ》するか頭を抱えている状態です。被災した生徒たちの家庭から、生徒会費やＰＴＡ会費を徴収することはできないといっています……。

発言がでるたびに、理事長の宗像さんを筆頭とした事務局スタッフに限らず、取材にきた報道陣も頷《うなず》いた。

部活を運営する資金がない——。

このことに関し、原町高の教頭・渡邉学さんは快く取材に応じ、次のように説明した。

「被災校だからこそ、学校の運営をきちんとしたいし、部活動もつづけたい。それにはまず資金が必要です。学校の場合は、①生徒会費、②後援会費、③ＰＴＡ会費、④県費から捻出しています。ところが、そのうちの①、②、③については、被災地であるわが校は集金できない状況にあります。他校も同じだと思いますが、被災した生徒の親に『どうかお金を』とはいえません。それに生徒の52パーセントは転学してしまいましたから、たとえ徴収できても半分しか集まらない。④の県費については、5月に入った現時点でも決まっていない状態です。要するに、学校運営のためのお金に関しては、前年度の繰越金でやっていかなければならない。でも、資金が少ないために2、3ヵ月で尽きてしまう。財源が少ないため、先生たちの手当なども見通しが立たない。部活動関係の顧問会議、練習試合、へたすると大会にも行けない状況です……」

そのような現状を踏まえ、福島県高野連は被災校に次のような支援をすることに決めた。

●相双支部11校と、いわき海星高の計12校は学校登録料2万円と夏の大会参加料5000円を免除する。

●本来の学校での活動が不可能で、かつ夏の大会に単独チームとして参加予定校に、すぐに活動開始できるよう、1校につき50万円を支援する。該当校・双葉高、浪江高、原町高、小高工高、いわき海星高。

●相馬高、相馬東高、新地高の3校には、それぞれ10万円を支援する。

●いわき海星高は活動場所が現時点で確定しており、すでに活動しているため、練習球10

ダースを支援する。

●双葉翔陽高・富岡高・相馬農業高の3校に対しての今後の支援について検討する。

会議終了後、福島商業高の空き教室に福島県高等学校野球連盟宛に届けられたグラウンドコート、ジャンパー、練習着などが山積みされていたが、持参する者はいなかった。

「学校にも物資はいっぱい届いていますし、もうすぐ暑くなりますからね。ジャンパーなどは必要ありませんから……」

ちなみに私が取材した他県の野球関係者は、支援物資が余ってしまい、その処理に困り、県の少年野球の事務局と相談。東南アジアの野球関係者に送ることにした。

また、5月14日の会議では決まらなかったが、2週間後の5月末だった。部員が少ない上に、サテライト校に部員が分散し、満足に練習ができない双葉翔陽高を始めとした、富岡高と相馬農業高の3校は「相双連合」と称した、連合チームを結成。夏の大会に出場することになった。

「双葉翔陽高の部員は、県北地区の安達東高、県中地区の小野高、会津地区の坂下高、それにいわき地区の平商業高の4校のサテライト協力校で授業を受けています。早い話が、部員はお世話になっているサテライト校の野球部に所属すればいいんです。しかし、部員に聞くと、どうもサテライト校のチームに入るには二の足を踏んでしまうようです。相双地区の子どもは、純朴ですからね。そのため同じ相双地区の、顔見知りの選手と野球をしたいといっています。私の場合、初めは野球ができるのならどこでもいいと思っていたのですが、やっぱりもう一度、部員の考えを聞いてみたい。私としては部員の少ない同じ相双地区の富岡高と相馬農業高の3校で連合チームを組み、夏の大会に臨みたいと思っているんですが……。学校が違っても、部員たちは気の合う仲間で野球がしたいのではないでしょうか……」

5月14日の会議の際、双葉翔陽高の監督・服部芳裕さんは、そういっていた。

†原発事故が起きようが野球をしたい

私は相双地区の高校生たちが分散して授業を受ける、サテライト校をつぎつぎと訪問し、取材を繰り返した。練習や練習試合も取材できた。

福島県高野連の会議が行われた後、福島市から南相馬市に向かう途中だった。川俣高と練習試合をする、浪江高のプレーを観た。試合後、父が原発で働いているという、主将の佐藤大悟君が心境を語った。佐藤君の家族はいわき市に避難しているが、野球を続けたい一心で、仲間3人と岳温泉（二本松市）の旅館で共同生活を送りながら安達高に通学。放課後に練習をしている。

「やっぱり、川俣高と比べると差がありすぎて……。スイングのスピードをもっとつけないとダメです。2ヵ月間も練習ができなかったため、当然なんですが、野球ができるだけでも嬉しいです。甲子園のセンバツ大会はテレビで観たんですが、本当に悔しかった。『自分らの野球は終わったんだなあ』って、そう思いました……。夏の大会まであと2ヵ月しかないし、県外に転学した4人の分まで頑張りたいです。自分ら3年生にとっては最後の夏だし、思いきりやりたい。原発事故には負けたくないです。目標は、ベスト8入りすることです。紺野監督との約束ですから、頑張ります」

双葉翔陽高と富岡高の連合チーム「相双連合」で大会に臨むことになった、相馬農業高を訪ねた。生徒たちは、旧・相馬女子高の体育館を仕切って設置された教室で授業を受けていた。壁には大きく『負けねぞ相馬農業高等学校』と貼り出されていた。校長の二本松公義さん（現・相馬高）が取材に応じた。奇遇にも二本松さんは、高校時代の同級生の弟であり、国語教師の亡父に習ったこともある。

「野球部は連合チームといえども、大会に出場できるだけで幸せではないでしょうか。馬術部などは馬を岩瀬農業高に預けてしまったため、活動することができない状態ですからね。とにかく、部活も苦しい状況ですが、私たち農業高校の大きな問題は、実習ができないことです。南相馬市の本校には実習用の田畑があるんですが、サテライト校にはありませんからね。相馬市の農家の協力がないと実習はできない。それに生徒の半数は転学し、新入生で残ったのは63人のみです。そのために学校自体が大変な状況に立たされているんですが、うちの生徒を受け入れてくれた学校には感謝しています。震災から3日目には、県内よりもむしろ、他県の高校から『転学希望の生徒を受け入れます』といった連絡がありましたから。遠くは島根県の高校に転学した生徒もいます……」

何度も声を大にして叫びたい。

原発事故がすべてを狂わせた。高校野球までも奪ったのだ——。

1ヵ月後の6月半ば。再び私は、福島に出向いた。

が、どうしようもない危機感、焦燥感、精神的苦痛を覚えるばかりだった。政府の原発事故への対応の遅さに苛立った。このままでは故郷も母校も、野球もスポーツもあらゆるものが消えてしまう。そう強く思った。

国道6号線の原発から20キロ地点に立った。自衛隊の車両がつぎつぎと原発に向かって行く。コンビニ前の駐車場で、1ヵ月前と同様に自衛隊員が白い防護服に着替えている。遠くには鉄塔が見え、その向こうには原発事故を起こした福島第一原発があるはずだ。眺めながら遠い日を思いだした。

1978(昭和53)年の秋だ。初めて仲間の記者とともに福島第一原発を取材した。そのときだった。ジープに乗った東電の警備員に追い駆けられ、退去を命じられた。もっとも危険が伴う建屋内で働く外国人部隊——アメリカ人の黒人労働者たちの追跡取材のため、宿泊していると噂された雑木林の中に、GE社(ゼネラル・エレクトリック)の「GETSCO VILLAGE」(通称・ゲストハウス)を発見。立入り禁止区域の写真を撮っていたからだ。

その際、第一原発サービスホール館長は取材に応じ、GE社に派遣されたアメリカ人の黒人労働者の存在は認めたものの、苦笑しつついったものだ。

——原発は100パーセント安全です。何も心配することはないんですよ。マスコミも原発推進なんじゃないですか……。

ちなみに建屋で働くアメリカ人の黒人労働者の写真は、いち早く原発問題を取材していた写真家・樋口健二さんが福井県敦賀原発で撮影していた。樋口さんは私に、原発の恐怖を自宅で伝えてくれた。また、この取材の際に協力を惜しまなかった地元議員は、その後「東電さんについてつべこべ（ぶつぶつ）いってたら、落選するべ」などの住民の批判の声で、原発推進派に転じてしまったという……。

あの日からすでに34年の星霜を経ったいま、安全神話は完全に崩壊した。

6月23日。福島県高等学校野球連盟は、運営委員会を開いた。協議の末、7月13日に開幕する大会期間中、各球場で試合当日朝に放射線量を測定。本塁・外野・ベンチ・バックネット裏・応援席の5ヵ所の放射線量が毎時3・8マイクロシーベルト以上の数値が出た場合は、その日の試合を中止とすることを決めた。

また、雨で中断した試合を再開する際も本塁と外野を測定し直し、基準値を超えた場合は、中止かコールドゲームを適用する。さらにグラウンドの水取り作業などに高校生があたる際は、ゴム手袋使用を義務付けることにした。

同時にこの日は、組み合わせ抽選会が行われ、相双地区の8チームの緒戦の相手校が決まった。

組み合わせ抽選会が開かれる4日前の6月19日の日曜日――。

私の母校・原町高野球部は、長野県上田市に遠征していた。丸子修学館高が「原町高野球部支援交流試合」を企画。原高ナインを支援するため、愛知県の吉良高を招待し、3チームによる交流戦を開催したのだ。

場所は丸子修学館高野球部グラウンド。午前8時30分に開会式が行われ、記念品や義援金が贈呈された。丸子修学館高主将・小山大貴君がエールを送り、原町高主将・福島雄飛君がしっかりと受けた。丸子修学館高の保護者会とOB会が、200人分のカレーライスを作り、だれもが美味しくいただいた。

試合結果は、原町高が大差で負けたものの、最後まで諦めなかった。対丸子修学館高戦は7対16のスコアだったが、15安打と打ちまくった。9回裏には4番・阿部雅人君が、2死満塁の場面で二塁打を放ち、200人以上詰めかけた観客から「ハラマチコーコー!」の声援が飛んだ。

きりりとした目で、主将の福島君はいった。

「去年の秋季大会の3位決定戦で負け、東北大会に出場できなかったんです。そのため21世紀枠での甲子園センバツ大会に選出されなかったと思います。だから、避難先の新潟でセンバツ大会をテレビで観たときは『あそこに立っているはずだった……』という、もどかしさを感じました。震災から2ヵ月後の5月8日に練習ができたときは『野球どころじゃないだろう……』という声もあったと思いますが、いくら不謹慎といわれようが、ぼくたちは野球ができて嬉しかったです。目標は甲子園に行くことです。出場できることに感謝し、甲子園を狙います」

監督の川村智さん（現・相馬高）は「私はポジティブ人間です」と前置きしつつ、真顔で宣言した。

「たしかに地震・津波・原発事故、それに加えて風評被害という現実、我われは未曾有の危機に立たされています。でも、高校生は常に夢を描いています。だから、監督の私は、部員にいいました。『おまえたちの人生、歴史に残る活躍をしようぜ！』と。もちろん、甲子園に行くことです。南相馬の子どもたちは、一見おとなしそうに見えますが、しぶといです」

この熱き思いは、部長の菅野秀一さん（現・監督）も同じだった。

†休部になった浪江高と富岡高の無念

3・11から今年で3年目。この春から3回目のシーズンを迎える相双地区の高校野球の事情は、よくなるどころか最悪の状態になっている。

昨年の10月5日。序章でも記述したが、南相馬市野球場で開催された「秋季相双高校野球大会」を取材に行ったときだ。浪江高校野球部長の齋藤英樹さんと久し振りに会ったが、その表情には、辛さを垣間見ることができた。齋藤さんはいった。

「実は、今年の夏の大会後に休部することになりました。3年生部員が引退し、1、2年生部員がいないためです。だから、新チームで臨むこの大会には出場できないんです。残念です……」

福島南高から中央大に進学し、大学院を修了して5年前に教員に就いて相馬高・原町高を経て浪江高に赴任したのは3年前。ここで初めて野球部長に就任した齋藤さんは、同期の監督・紺野勇樹さん（現・白河高）とともにチームを率いてきた。しかし、3年目で休部を余儀なくされたのだ。

「チームはそんなにも強くなかった。でも、3・11後も選手は一生懸命に野球に取り組んでくれた。やっぱり、残念のひと言です」

そう齋藤さんは、私にいった。この思いは、3・11の夏後に休部に追い込まれた富岡高の監督・坂本収司さん（現・磐城桜が丘高）も同じだ。

昨年の1月末、富岡高のサテライト校である磐城桜が丘高に坂本さんを訪ねた。3・11の春は新入生4人が入部する予定で、部員は10人となり、春と夏の大会に臨むはずだった。しかし、部員は避難し、残ったのは3年生1人。夏は「相双連合」で出場したが、夏後に活動中止となった。坂本さんは、苦渋に満ちた顔でいった。

「大学を卒業し、教師になってこの春で15年目になります。この間ずっと毎年、県の甲子園予選大会には出場しています。だから、この春に入学する生徒が野球部に入部してくれればいいんですが……」

しかし、入部を希望する新入生はいなかったのだ。

3・11の年の相双地区の硬式野球部は10校だったが、富岡高と浪江高が休部となり、今年から8校になった。2012年の秋季大会までは原町高（部員9人）と双葉高（部員5人）、相馬農業高（部員4人）の3校は、連合チーム「相双福島」として出場していた。

が、この春から原町高は、福島県高野連の指導で単独出場となり、双葉高と相馬農業高の2校が連合チームで大会に臨むことになる。そして、今年、2013年の夏過ぎには双葉翔陽高が休部となる……。

南相馬市野球場で開催された昨年の「秋季相双高校野球大会」では、双葉高の監督・田中巨人さん（現・若松商業高）とも久し振りに会った。

昨年4月。4校のサテライト校で分散授業をしていた双葉高は、新年度を契機に統合され、集約先はいわき市のいわき明星大学となった。しかし、単に統合されただけで、これまでと環境はまったく変わらない。空き校舎を利用しての授業であり、同大学には双葉翔陽高校と富岡高校（1部）の2校が間借りしている。キャンパス内のグラウンドも狭く、体育授業も部活動も限られてしまう。野球場も1つしかなく、大学には野球部もあるため、満足な練習はできない。現在の双葉高の在校生は120名であり、昨年春の新入学生はたったの16名、今年は15名だった。多くの運動部は休部に追い込まれた。

「この1年半は、じわじわと首を絞めつけられているようで、1日が長かったですね。夏後は部員が5人しかいないため、原町高と相馬農業高の3校での連合チーム『相双福島』としてやってきましたが、合同の練習は思うようにできないです。こっちから南相馬にくることが多いんですが、ガソリン代や宿泊費も馬鹿にならない。だから、保護者の負担が大変です。夏に引退した3年生部員は『双高野球部員のまま卒業したい』といって、いわき市の旅館に泊まって通学していましたが、食事は最悪でした。ご飯だけは食べ放題でしたが、おかずはハム半枚と目玉焼きだけというときもあったということです。食べ盛りなのに毎晩コンビニ弁当などを食べていた。『原発事故さえなければ、もっと上手くなっていたのになあ』と思います。一生に一回しかない大事な高校生活を、生徒たちは奪われましたから……」

しんみりとした表情で、田中さんはいった。昨春の双葉高の卒業式で卒業生に配られた卒業アルバムは、教師たちが自らの手で制作した。デジカメで生徒たちを撮った写真が収められた、手づくりのものだった。

第5章

南相馬少年野球団の700日

†養護学校の願いは「動いている学校にしたい」

「原発の町」の富岡町にある福島県立富岡養護学校についても書きたい。この2年間、原発禍における養護学校の現状は、まったくといっていいほど報道されなかったからだ。

昨年の5月初旬。私はJR上野駅から特急ひたちに乗り、常磐線のいわき駅まで約2時間。各駅停車に乗り換えて次の草野駅で降り、田んぼ道を歩いて約15分。福島県立聾学校平分校の敷地内に、1ヵ月前に開校したばかりの富岡養護学校の仮設校舎を訪ねた。

朝の8時45分。スクールバスや保護者が運転する車で生徒たちが登校し、教員たちが玄関で迎える。が、生徒たちは教室に入らず、真っ先に教員の手を引き、ブランコで一緒に遊び始めた。

「やっぱり、いつも生徒たちは動き回りたいんです。短い昼休みの時間でも、生徒たちはキャッチボールをしたがる。ちょっとの時間でも気分転換させてあげたいですからね」

養護学校一筋、今年で教員生活35年目を迎える校長の大関彰久さんは、その光景を見ながら語った。3・11からの1年間を振り返ってくれた。

福島第一原発から南に6・5キロ。その地点にある富岡養護学校は、小学部から高校部までの生徒全員参加する運動会を開催していた。県内32校の特別支援学校の中で、在校生全員で行う運動会は富岡養護学校だけだった。それも富岡町の富岡高校や双葉翔陽高校、青年会議所などの住民のボランティアの協力を得る、地元と密着しての運動会だ。スローガンは「1日中身体を動かし、みんなで健康になろう!」であり、毎年6月初旬に行われた。

「リレー・徒競走・騎馬戦・ダンス・ヨサコイソーランもやっていたし、校長の私も教員たちも生徒に引っ張りだされ、借り物競走もやる。生徒たちは1日中身体を動かしていた。いくら勉強、勉強をしなさいといっても、やっぱり外で運動をしなければ健康な強い人間にはなれない。うちの養護学校には、畑もビニールハウスもあり、トラクターもある。ジャガイモやサツマイモなどの野菜を作り、富岡町で開かれるお祭のときなどに販売する。それに生徒たちが製作した椅子、牛乳パックを再生して作ったハガキやカレンダーなどをバザーに出品して、売れるたびに生徒も喜ぶし、買った住民も喜んでくれた。いつも生徒たちの元気な顔を見ることができました……」

しかし、当然のごとく3・11後は生徒も教職員も全員避難したため、運動会は中止。その上、農場は放射性物質で汚染されてしまった。ようやく1年後の昨年4月。いわき市の県立聾学校平分校の敷地を借りることができ、仮設校舎が建てられたのだ。

「その前は3ヵ月間ほど、いわき市の平養護学校の空き教室を間借りしていた。だから、迷惑をかけないためにも走ることも、声を出すこともできなかった。たとえば、廊下を走り、車椅子にぶつかったら大変だしね。まあ、こういった仮設校舎に移れたといっても、走ることもできない。2階教室でダンスでもすれば、雷が鳴ったような音がする。とにかく、この1年間で3回も校舎が変わってしまった。この仮設校舎だって、3年も経てばでなければならないが、富岡に帰れる保証もない。スポーツをしたり、作業をやったりね、当たり前にできることが、まったくできない。すべては原発事故のせいです……」

3・11前の富岡養護学校の生徒数は118名で、教職員数は76名だった。しかし、現在の生徒数は32名であり、職員も半数の36名。80名以上の生徒は、県内や県外に避難し、近くの養護学校に転学してしまった。

「もちろん、富岡町に住んでいた私も避難したんですが、生徒全員が無事だとわかったときは、ほっとする思い。しかし、それからが大変だった。東京・千葉・埼玉・神奈川の関東地方だけでなく、岡山や三重、遠くは沖縄に保護者と避難した生徒もいました。県内に避難した生徒は、とりあえず避難所に入ることができたんですが、もう心配だった。血圧の高い私自身が、病院に薬をもらいに行くと『どこからきました？』と聞かれ『富岡からです』というと、まさにばい菌扱いで『スクリーニングを受けてください。院長の指示です』といわれる。そういう状況だったため、養護学校の弱い立場の生徒たちは、どんな扱いを受けているかと思うと、夜も眠れなかった。そこで県内に避難した生徒たちがどんな生活をしているか、そう思って避難先を巡回したんですが、ひどい状況だった。1畳ほどのスペースに3、4人でいる。声を出すと『うるせい、外に出て行け！』と怒られる。相手は養護学校の生徒だとは知らない。保護者が周りを気遣い、一晩中車の中で過ごした生徒もいた。もう私は、生徒を抱きしめるほかなかった……」

深い吐息をつきながら、大関さんは続けていった。

「まさに避難所での子どもたちの生活は『可哀相だ』のひと言だった。富岡の生徒だけじゃなかったけど、いろいろな話を聞いた。自閉症の生徒は1日中毛布にくるまり、食事もしないとか……。地震と聞いただけで震えだす子どももいたしね。あるお母さんは、いたずら坊主の息子が、突然何に対しても『はい』っていう、いい子になってしまったと、逆に心配していた。理由を聞いたら、汚れた家族のアルバムを洗っているのを見たためだと……。つまり、子どもたちなりに自分を隠さないと生活ができないと思ったんでしょう。

そういったストレスがいつ爆発するかと思うと、怖いです……」

ともあれ、富岡養護学校の生徒たちは離ればなれとなり、県内各地の養護学校9校に分散してしまった。

その間、校長の大関さんたち管理職は、県教育委員会に早く仮設校舎に移れるように訴えた。しかし、なかなか実現しなかった。

「仮設校舎を建てるには当たり前なんだが、お金がかかる。そのために何回も県から『何人の生徒が戻ってこられるのか?』『1人ひとりに聞いたのか?』といわれる。正直『いつも養護学校の生徒は最後になるんだなあ』と思った。そこで保護者にアンケートをだしたり、電話で聞いたりした。とにかく、先生方も『生徒の日常を取り戻そう!』と必死でした」

その念願の仮設校舎が建てられたのは、前述したように3・11から1年後の昨年の4月。初め予定していた40人は下回ったものの、32人の生徒が同じ校舎で学べるようになった。

「今年の運動会は、6月2日に隣の聾学校の体育館を借りて行うことにしました。先生方の意見を聞いて決めたんですが、本当は校庭で土の上でやりたい。でも、いろんな意見がでた。国や県がいう放射線量の基準値なんか当てにならない。本当に安心・安全なのかと

2012年10月21日、対戦相手は土浦市選抜チーム。
南相馬ジュニアベースボールクラブは8対2で逆転勝ち

鹿島中の武道館で授業を受ける原町第二中の生徒たち。
暑い日は扇風機が回る

海岸線から約3キロ離れているにもかかわらず、
津波に襲われた真野小。船舶が校庭には流されてきた

マスクをして校庭にでる児童（2012・9）

南相馬ジュニアベースボールクラブは2012年10月
「第23回土浦市長杯争奪少年軟式野球大会・
東日本大震災復興支援特別招待試合」に出場。
歓迎レセプションには地元のお母さんたちが作ってくれた
ご馳走が並んだ

記念撮影。「また来年もきます。ありがとうございました」

2012年12月2日に2年ぶりに開催された
「野馬追の里　健康マラソン大会兼ウォーキング大会」。
陸上競技場は除染したといわれたが…。
もう放射能に慣れたのだろうか…

……。正直、わからない。だから、体育館でやるほかないんです」

そして、大関さんはいった。

「とにかく、新たな富岡養護学校をスタートさせたい。住民のみなさんとコミュニケーションを取り、まず生徒たちを考えた富岡養護学校にしたい。いつも『動いている学校』に。生徒たちの騒ぐ声が聞こえなければ、そこは学校とはいえないです」

——動いている学校にしたい……。

†中学野球部の練習は体育館で1日30分

再び南相馬市に話を戻したい。

南相馬から野球ばかりか、スポーツそのものが消えてしまう——。

そうスポーツ関係者だれもが思っている。

そして、もっとも危惧《きぐ》されることは、当然のごとく3・11後に保育園・幼稚園児や小・中学生の児童・生徒数が激減していることだ。

南相馬市には、市立小学校16、市立中学校6の計22校がある。が、3・11後に通常の授業を行うことができたのは、原発から30キロ圏外の鹿島小学校、八沢小学校、上真野小学校、鹿島中学校の4校のみだった。真野小学校は30キロ圏外の国道6号線沿いに位置していたが、近くには真野川が流れているためだろう、約3キロ先の右田浜から押し寄せた津波でほぼ全壊してしまった。

30キロ圏内に位置する18校の小・中学校の生徒は、前記の4校の空き教室や体育館、または市立体育館や農村環境改善センターにベニヤ板などで仕切った簡易の教室を設置。かろうじて授業を行うことになった。

南相馬市教育委員会の調査によれば、3・11後の新学期を迎えた4月の在籍予定者は4058人だったが、実際の在籍者数は30パーセントの1231人。その他の2827人は家族と避難し、県内や県外の小学校に転学（区域外就学）をした。中学校の場合も在籍予定者は1963人であったが、1118人が転学した。つまり、6割以上の児童・生徒が故郷から去ってしまった。また、保育園・幼稚園児数も、3・11前は2340人であったが、昨年4月1日現在の園児数は約33パーセントの769人に減っている。公立と私立の保育園・幼稚園は27園だったが、約半数の13園は休園してしまった。

南相馬市から子どもが消えたのだ――。

もちろん、その現状は取材を重ねるほど可哀相のひと言であり、文科省の対応の悪さに呆れるばかりだった。

3・11から3ヵ月後の6月初旬。私は生徒総数324人、そのうち86人が転学した鹿島中学校を訪ねた。原発から半径32キロ地点に位置する鹿島中には、原町二中、原町三中、石神中、小高中の4校の約400名の生徒が、市の手配するバスで毎朝通学。空き教室や武道館を仕切った教室で授業を受けていた。

ただし、いかに鹿島中の校庭が広くても、文部科学省の指示で使用することはできない。そのため体育授業と部活は体育館のみで行われていた。夏は生徒たちをプールで泳がせたいが、6月初旬の時点では使用しないことに決めた。すべては放射性物質汚染を考えての措置である。

「1つの学校に5校の生徒がいるため、もう大変です。でも、月曜から金曜まで1日5時限で、25時限がありますから、音楽や美術などの技能教科はやりくりして、なんとかやっています。ただし、体育館のみでの体育の授業には限界があります。生徒たちはストレスが溜まっていますから、本音としては校庭で思いきりスポーツをやらせたいのですが、文科省からのお達しがありますからね。それに、たとえ汚染していなくとも、保護者の1人でも反対すれば使用することはできない。あくまでも私たち教員は、文科省の指示に従わなければいけないんですが、国も県も市も現場を知らなさすぎる……」

ある保健体育教員は、渋い顔で説明した。

部活顧問の若い教員も語った。

「部活も大変です。1つの体育館で5校の部活をしなければならないんですからね。それも野球もサッカーもテニスも体育館でやっている状態です。毎日、体育館をステージ側と出入り口側に分けてやっているため、練習は4日に1回しかできない。5校の同じ競技のクラブが一緒にやり、今日は野球部と剣道部、明日は柔道部とバレーボール部という調子です。それも放課後は3時間もないため、1校の練習時間は30分そこそこ。野球部の場合は、キャッチボールをするくらい。バッティング練習はできないです。でも、こういった状態ですからね、しょうがないでしょう……」

そういって溜息をついた。続けていった。

「この6月の末には相馬市で相双地区の中体連（中学体育連盟）の大会があるんですが、原発から20キロ圏内にある、双葉郡の中学校の生徒は出場できない。それを思えば、出場できるだけでも幸せかもしれないですね。双葉郡の大熊町だけは、避難先の会津若松市内に仮設の幼稚園、小学校、中学校を設置したということで、中学生は会津地区の中体連の大会に出場すると聞いていますけどね。……すべては原発事故のせい。生徒の苛立ちが手に取るようにわかります」

そのためだろう、同じ学内で5校の生徒が生活しているため、生徒間でケンカなどのトラブルが起こることを危惧。5校の教職員が話し合い、休み時間のときは廊下に立つことにした。使用するトイレも学校別に分けた。

そのような状況の中で南相馬市の中学校の部活の野球部は、かろうじて小高中・原町一中・原町二中・原町三中・石神中の5校で連合チーム「南相馬市オールスターズ」を結成。相双地区の中学体育連盟の大会に出場することができた。

原町二中の野球部顧問の松本誠喜さんが取材に応じた。

「3・11前までの原二中野球部員は15名ほどだったんですが、やはり『原発禍の中で子どもを生活させたくない』『屋外での野球はさせたくない』ということでしょう。埼玉や山形、宮城県などに避難しました。残った部員は5人だけで、そのために他の中学校の顧問の先生たちと協力し、南相馬に残った部員25人で『南相馬市オールスターズ』を結成しました。まあ、急造のチームのために相双大会の1回戦で負けてしまいましたが、一応は部員たちにとってはいい思い出になったんじゃないでしょうか。それに連合チームといえど練習の成果がでて、夏の福島民報杯の地区予選で優勝し、県大会に出場することができました。3・11からあと1ヵ月で丸1年になりますが、この相双地区は野球が盛んですからね、中学野球の灯りを消すことだけは避けたいです」

原町二中の在籍予定者数は300余人であったが、3・11後は117人に減り、私が松本さんに取材した時点では188人。その2ヵ月後の昨年4月には約60人の新入生を迎え、新たな部員を確保することができ、単独チームで6月の中体連に出場することができた。しかし、昨年の夏後の部員は8人となり、再び連合チームになる可能性が大きい。

ちなみに序章に記述したように昨年の原町三中の野球部は、部員が5人だったため、中体連に出場することはできなかった。県の中体連本部の大失態である。その悔しさのためだろう、部員の1人は2学期が始まると退部。体育館内でできるバドミントン部に入部してしまった……。が、今年は11人の新入部員を確保することができた。南相馬ジュニアベースボールクラブの少年たちが入部したからだ。

†南相馬ジュニアベースボールクラブ完勝す！

そして、南相馬少年野球団――。

「南相馬ジュニアベースボールクラブ」「原町ジュニアメッツ」「鹿島野球スポーツ少年団」は、前述したように3・11から3ヵ月後の6月1日から30キロ圏外に練習場を求め、週末の土曜日や日曜日に練習を繰り返した。

たとえば、監督・宮本清典さんとコーチの門馬一弘さん、本猪木亘さんが率いる選手20人の南相馬ジュニアベースボールクラブの場合は、宮城県丸森町のグラウンドや相馬市の光陽グラウンドで練習をする一方、昨年4月の新学期からは火曜日と木曜日は、南相馬市の大甕《おおみか》小学校の体育館で夜間練習をしていた。屋内のためグラウンドと同じような練習はできないが、ネットに向かってテニスボールを打つバッティング練習をし、基本のキャッチボールを繰り返す。鏡と向き合っての素振りをする。内野手のフォーメーションプレーを徹底させる。マットや跳び箱などを利用して筋力アップ。約2時間、体育館を走り回って、汗をかいた。

「やっぱり、本物のボールを打たせたいですね。それも屋内ではなく、土の上で練習をさせたい」

そう監督の宮本さんがいえば、コーチの本猪木さんもいった。

「でも、野球ができるだけでも感謝しなければならないでしょうね。とにかく、子どもたちに運動をさせることです」

コーチの門馬さんもいった。

「この夏あたりからは除染した市営球場が使えると聞いています。だから、早く手続きを済ませ、週に2回は土の上で練習ができるようにしたいです」

もちろん、土曜日や日曜日にはできるだけ多くの試合に出場した。昨年1年間で南相馬ジュニアベースボールクラブは、原町ジュニアメッツとの選抜チーム「南相馬市少年野球教室」としての試合を含めれば、19もの大会に出場。「全日本学童軟式野球大会相双予選」「全国スポーツ少年団相双予選」「Ｇａｓ　Ｏｎｅカップ相双予選」「マクドナルドカップ相双予選」「杉並区・取手市・南相馬市交流自治体少年野球大会」「高砂ロビンス杯宮城県大会」に優勝。20人の選手たちは気勢を上げた。

私は時間が許す限り練習や試合会場に足を運んだが、忘れられない大会がある。

昨年の10月21日。茨城県土浦市の体育協会・野球連盟・スポーツ少年団が主催する「土浦市長杯争奪少年軟式野球大会〜東日本大震災復興支援特別招待試合」に招待され、土浦市選抜チームと交流戦を行った。南相馬ジュニアベースボールクラブの6年生選手にとっては、最後の県外遠征での試合だった。このとき初めて選手たちの間から「岡さんがきている……」という声を聞いたからだ。

その前日の夜は、こんなことがあった。午後5時から「土浦市青少年の家」の広場で歓迎レセプションが開催され、選手たちは土浦市の野球少年たちと一緒にご馳走を頬張り、交流を深めた。意義ある2時間を過ごした。

しかし、ときにははめを外し、おにぎりでキャッチボールを始める選手もいた。飲んだジュースをわざと吐きだす選手もいた。せっかくの料理や飲み物も残してしまった。

そのような行為を目にした、監督の宮本さんは黙ってはいなかった。レセプション終了後、青少年の家の広間での就寝前だ。同行した保護者が見守る中、宮本さんは選手たちを前にたしなめた。しんみりとした口調でいった。

「……おまえたちは、こうして南相馬から土浦までバスに乗ってきた。みんなの協力で明日は大好きな野球ができる。でも、さっきの悪ふざけは何なんだ。土浦市のみなさんは、おまえらに喜んでもらうため、いっぱいご馳走を用意してくれた。もしかしたら徹夜で寝ないで作ったのかもしれないんだ。それをお腹いっぱいになったからといって、食べ物を粗末にしていいのか。散らかしていいのか。……よく聞けよ。あの怖かった震災直後、保護者の俺たちもおまえたちも苦労したよな。ご飯を食いたいときに食えたか？　トリカラが食いたいと思ったときにあったか？　ソーセージやハムを自由に食えたか？　ジュースやコーラを好きなだけ飲めたか？　コンビニに行っても買えなかったし、売ってもいなかったよな。避難先では毎日おにぎりしか食えなかったんじゃないのか。あのときのことを考えたら、食べ物を粗末にできないんじゃないか……」

宮本さんは、選手1人ひとりの顔を見ながら、続けていった。

「こうして周りには、いつもお父さんやお母さんたちがいるよな。みんなこうして応援にきてくれてる。仕事を休んでまできてくれたお父さんもいるよな。そういったことを、おまえたちはきちんと理解しなければならない。とくに6年生たちは、来年から中学生になる。きちんと自分が何をすべきか自覚しなければならない。もう子どもじゃないんだ。明日は土浦市のみんなが、南相馬のおまえたちに注目する。元気かどうか見にくるんだ。だから、試合に呼んでくれた人たちのことを忘れるな。みんなに支えられているから野球ができるんだ。感謝の気持ちを忘れるんじゃないぞ。恩返しを忘れるな。わかったか?」

宮本さんの言葉に、選手たちは大声で応じた。

「はいっ!」

「よし、じゃあ、明日は悔いのないように思いきりやろう!」

「はいっ!」

そして、一夜明けた翌21日——。

天気は快晴。まさに野球日和で、ときおり吹く風はやや強いものの爽やかだ。JR土浦駅から徒歩で約10分の川口運動公園野球場。実に105チーム、1560人の選手が行進して整列。上空を飛ぶヘリコプターから投げられたボールで始球式が行われた。

開会式が終了し、特別招待試合と銘打たれた「南相馬ジュニアベースボールクラブ対土浦市選抜チーム」の試合開始は午前9時半だったが、30分遅れて10時。コーチの門馬さんのノックを終えて選手たちがベンチに戻ると同時に、場内アナウンスが流れた。

「……後攻の南相馬ジュニアベースボールクラブのスターティングメンバーを発表します。1番サード大和田樹君、2番セカンド大槻雄大君、3番ショート宮本克典君、4番キャッチャー佐々木涼君、5番ピッチャー和田飛竜君、6番レフト横山隼風《はやて》君、7番センター松本勇信君、8番ファースト高田啓悟君、9番ライト猪狩大輝君。そして、控えのメンバーは、橋本翔太君、大和田稜君、門馬楓君、酒井千弥君、佐藤隆信君、遠藤雅也君、小玉拓郎君、遠藤佑真君、渡部篤志君、佐々木雅人君、高田駿作君の以上の11人です……」

つぎつぎとスコアボードにスタメンの名前が掲示される。

「どうだ。自分の名前がスコアボードに見えるのは気分いいだろう。今日は何がなんでも勝ちに行くぞ。泥んこになって帰ろうぜ！」

監督の宮本さんの檄《げき》に、選手たちは大声で応じた。

「おお！」

そのときだった。いつも応援に駆けつけている保護者のお父さんが、ベンチにやってきて真顔でいった。

「勝ったらみんなにエロ本買ってやっからな。思いきりやっぺ」

その声にレギュラーの6年生選手は笑い、下級生の控え選手は私に聞いてきた。

「エロ本って何ですか？」

困った末にいった。

「まあ、そのうちわかる……」

10時ちょうどにプレーボールのサイレンが鳴った。試合が始まった。ピッチャーはエース・和田君。先頭打者をツーストライク・ノーボールに追い込んだものの、しぶとく粘られた。フルカウントからレフトオーバーのランニング・ホームランを打たれ、先制点を許してしまった。しかし、エースは踏ん張った。観客席で応援する両親とお兄ちゃんの姿を見たのかもしれない。気落ちすることなく、後続のバッターを抑えた。三振、ショートゴロ、キャッチャーフライと難なく打ち取ったのだ。チェンジ。

1回裏攻撃を前に監督の宮本さんは、落ち着いた口調でいった。

「先制点を奪われたけどな、いいんじゃないか。取られたら取る。それがおまえたちの野球だよな。だんだん燃えてきたよな……」

その言葉に選手も、コーチの門馬さんも本猪木さんも頷いた。

1回裏の攻撃。さっそく反撃にでた。1番の大和田君がセンター前にクリーンヒットを放つと、2番の大槻君がバントを決めてワンアウト走者二塁。このときスコアラーの大和田すみれさんが、ベンチから二塁走者の長男・樹君に向かって声を張り上げた。

「樹ーっ、声止めるなあ！」

3番宮本君はセンターフライで2アウトになったが、次のバッターは4番のキャッチャー・佐々木君。身長139センチ・体重37キロと成長過程にあるが、根性はだれにも負けない。

「打つから写真撮ってくんねえが……」

そう私にいって打席に入り、バットを振った。と同時に二塁走者の大和田君がスタートを切った。みごとなライト前ヒットで、一気にホームイン。同点とした。

これを契機に、その後は完全に南相馬ジュニアベースボールクラブのペースとなり、2回に2対1と逆転。3回には一挙4点を奪取し、5回に1点を返されたものの、8対2で完勝した。試合中にセカンド大槻君は左足首打撲で途中交代。エース・和田君は57球を投げた時点で、ショートの宮本君にマウンドを譲った。が、南相馬ジュニアベースボールクラブは、攻守で土浦市選抜チームを寄せ付けなかった。3打数3安打の大活躍をした4番の佐々木君は、試合後に私に尋ねてきた。

「どうすれば背は伸びるんだ?」

「そりゃあ、無理してでもいっぱい食って、思いきり野球をすることだな」

鼻からずり落ちそうな黒ぶちメガネをかけた佐々木君は、大きく頷いた。

†「復興」と銘打って開催したマラソン大会

あの忘れることができない土浦での試合から、1ヵ月半後――。

初雪が降った昨年の12月1日。私は南相馬に向かった。

翌日の2日の日曜日に2年ぶりに開催される「南相馬市スポーツ復興祈念」と銘打たれた「第25回野馬追の里　健康マラソン大会兼第7回ウォーキング大会」を取材。さらに、その夜に開かれる南相馬ジュニアベースボールクラブの懇親会も、是非とも取材したかったからだ。

南相馬に着いた夜。高校時代の友人とともに馴染みの店「オリーブの木」に行った。マスターの高田憲二さんは、店と同じ名前のランニングクラブを主宰する市民ランナーである。毎年、2月末に開催される「東京マラソン」にも2度出場している。

「マスター、明日はハーフを思いきり走るんでしょう?」

ところが、高田さんは頭《かぶり》を振っていった。

「いや、走りません。市民ランナーは、健康のために走るんです。放射線量を気にしながら走るのは嫌ですね。私のような考えで明日は走りたくないというランナーは、けっこういるみたいですよ……」

そう語る高田さんは、妻と長女とともに山形県米沢市に避難。平日はJR原ノ町駅前のホテルの厨房を手伝い、夜には店を開き、週末は米沢の家族の元に戻る生活をしている。市内にある自宅は3・11前に改築したばかりだが、幼い長女の将来を思うと、もう南相馬に住むことは諦めなければならないといった。

翌朝の8時過ぎ——。

会場である雲雀ヶ原陸上競技場に出向いた。しかし、正直「本当にここでやっていいのか……」と、そう思わずにはいられなかった。持参した放射線量計で測ると、除染したといわれるフィールド内は毎時0・3から0・4マイクロシーベルト。さらにトラック外の参加者や観客が休憩する、立木がある場所は除染されなかったのだろう、0・6から0・8を計測したからだ。前夜、高田さんの店で知り合った客が証言していた通りで、けっして放射線量は低くはなかった。

そのような状況を把握しているのかどうかは知らない。が、主催者の「野馬追の里 健康マラソン大会実行委員会」は、なんと全国都道府県ウオーキング協会が主導する「ウォーク日本　１８００」とＪＶＡ（日本市民スポーツ連盟）の認定大会として開催したのだ。強引に「復興」と銘打って開催したと思われても仕方ないだろう。

主催者発表によると、北は北海道から南は鹿児島までのランナーも出場し、参加者は総勢２３６７人。そのうち８６０人は小・中校生であり、南相馬ジュニアベースボールクラブの選手たちも全員参加した。

ボランティア・スタッフ８２２人が運営をサポート。その中には私の取材に協力してくれた女性もいた。小学生時代に南相馬市で過ごした北京オリンピック・マラソン代表の佐《さ》藤敦之《とうあつし》選手、原町高卒業生で順天堂大学時代に箱根駅伝で活躍した「山の神」の今井正人選手、同じくトライアスロン競技の西内洋行《にしうちひろゆき》選手も招待選手として参加。プロ野球巨人軍の相馬高卒業生の鈴木尚広選手も走り、市民ランナーとして知られる桜井勝延市長も完走した。

つぎつぎとスタートする子どもたちの姿を、複雑な思いで眺めた。前夜の高田さんの言葉を思いだした。

――市民ランナーは、健康のために走るんです……。

笑いと涙、新たな決意の懇親会

そして、その日の夜——。

5時からJR原ノ町駅近くのホテル2階の小さな宴会場で、南相馬ジュニアベースボールクラブの懇親会が開かれた。司会・進行役は、高田啓悟君のお父さんの高田真さんと、松本勇信君のお母さんの松本美奈子さんが務めた。2人の場慣れしたトークで懇親会は沸いた。

松本さんが宣言した。

「只今から、南相馬ジュニアベースボールクラブの表彰式と納会を開かせていただきます」

相方の高田さんもいった。

「松本さんと一緒の司会は、名コンビといわれていますが、一応、失礼のないように進行させていただきます。では始めましょう」

ということで、まずは表彰式から始まり、年間個人タイトルが発表された。すでに保護者たちの手元には、選手全員集合の写真10点がカラープリントされた表紙に『南相馬ジュニアベースボールクラブ』のタイトルが付いた記録集が配布されていた。年間約80試合のスコアと選手1人ひとりの個人記録を詳細にまとめたもので、スコアラーの大和田すみれさんが丹念に作成したものだ。

個人タイトルは次の通りである。

6年生の部――。

■最優秀投手賞……………宮本克典君
■打点王……………………横山隼風君
■年間優秀選手賞…………大槻雄大君、佐々木涼君
■年間MVP………………和田飛竜君
■盗塁刺されすぎで賞……大和田樹君
■緊張しまくりで賞………猪狩大輝君
■もっと頑張りま賞………松本勇信君
■もっと伸びま賞…………高田啓悟君

5年生の部――

■盗塁賞……………大和田稜君
■年間優秀選手賞………門馬楓君、橋本翔太君
■年間MVP…………酒井千弥《ちひろ》君

4年生の部

■バントうまいで賞……高田駿作君
■気合い入れま賞……佐々木雅人君

その他、5年生の小玉拓郎君、佐藤隆信君、遠藤雅也君、遠藤佑真君、渡部篤志君には優勝した大会のトロフィーや賞状などが贈られた。

6時からの第2部の懇親会は、小玉拓郎君のお父さんの小玉洋一さんが乾杯の音頭を取り「カンパーイ!」。和やかな宴が始まった。

途中、監督の宮本さんとコーチの本猪木さんが勇退し、コーチの門馬さんが監督に引き継がれることが発表された。新コーチには5年生の佐藤隆信君のお父さんの佐藤貴之さんが就任した。

続いて今春中学生になった6年生選手たちが、1人ずつ1年を振り返り、新たな抱負を

語った。

「みんなと野球ができて嬉しかったです。中学校ではてっぺんをめざします……」

「今年の反省は、トンネルしてランニング・ホームランにしたことです。中学では変化球を打ちたいです……」

「今年の反省は、チャンスに打てなかったことです。来年の目標は先輩たちから打つことです……」

「大事なときにエラーしたのが反省で、来年の目標は1年生でレギュラーになることです……」

「今年の反省は、試合中に緊張したことです。来年の目標はまだ決めてませんが、試合にでたいです……」

そして、今春から新6年生になった選手たちが、新監督・門馬さんのほうを見ながらアピールした。

「来年の目標はレフトのレギュラーになることです。だれにも渡したくないです。ピッチャーもやりたいです……」

「今年の反省はバッティングでフライを上げたことと、フォアボールが多かったです。だから、来年の反省は……。そうじゃなくて、来年の目標は、ライナーを打てるようになりたいです。そして、世界一のセンターになり、全国大会で優勝したいです……」

「捕手の座はだれにもやらせません。よろしくお願いします……」

「今年はサードをやったときに送球がよくなかったので、来年はよくしたいです。1番打者をお願いします……」

「来年の個人の目標としては、福島県で1番のファーストになることです。だれにも負けたくないです……」

「えーと、ぼくは本番では2番を打って、セカンドになりたいです……」

「来年はもっと足を速くし、みんなからバント職人といわれたいです……」

選手たちが語る目標や抱負に耳を傾け、頷きながらも新監督の門馬さんはおどけた。

「来年は甲子園に行きたいって、そういう選手はいないのかあ?」

その瞬間、選手も保護者も大声で笑った。私は吹きだした。

門馬さんが挨拶した。

「宮本さんから受け継いで、30番のユニホームを着ることになりました。新監督といっても特別なことはしません。当たり前のことをやるだけです。6年生9人は引退しますが、残る11人は20人分の仕事をするだけです。11人は来年2月末まで1万スイング、1日100回以上。やるかやらないかは選手たちの問題です。それは来年2月末に選手たちの手の平を見ればわかります。目標は5月の学童野球大会相双地区大会で優勝し、県大会で2つ以上勝つことです。あんなに強かった6年生でも1回しか勝てなかった。だから、2つ以上勝つように頑張りましょう。みなさん、11人を応援してください。よろしくお願いします」

出席者全員が、暖かい拍手を送った。

保護者たちもマイクを握り、これまでの胸に秘めていた思いをつぎつぎと語った。

「お晩です。今年の6年生は本当に強かったです。俺の安月給で遠征について行くのはきつかったです。でも、来年も借金してでもついて行きます。お付き合いのほどよろしくお願いします……」

「3・11をきっかけに集まってきて、一緒に苦労して、また来年も1年間続けます。野球は1人でできないです。私たち大人も頑張りましょう。ありがとうございました……」

「みなさん、お世話になりました。息子はボーイズリーグに入りたいといってますが、母親の私は大反対です。もう少し考えさせたいと思っています……」

「私がいいたいのは、震災後に大人も子どもも忘れてしまったかもしれませんが、野球ができなくなったという思いがあったと思うんです。でも、ここまで野球ができるようになった。この幸福、生きるということを、しっかり受け止めたいと思います。頑張りましょう……」

「みなさんのお陰でいろんなところに連れてっていただきました。本当にありがとうございました……」

「本当は私の息子は、ジュニア（南相馬ジュニアベースボールクラブ）に入れなかったはずです。でも、息子は絶対に入りたいといったもんですから……。前の監督さんに何度も頭を下げて、それで許してもらいました。息子に声をかけてくれてありがとうございました。女親の私が教えられないことまでいっぱい教えていただいて、本当にありがとうございました……」

「みんな違う小学校で、本当はライバルだったと思うんですが、こうして1つのチームになってよかったと思います。来年は別れてしまいますが、高校になったときにまた一緒になれるかもしれません。だから、今後ともよろしくお願いします……」

「選手たちは、すばらしい手と足を持っています。それを生かすのは頭です。私たち保護者は、子どもに対して大きな耳、大きな口、厳しい目で見守ることだと思います……」

「みなさん、お疲れさまでした。6年生は中学生になっても野球を続けて欲しいです。たとえ野球をやめても仲間を忘れないでください。最後まで仲良くやってきたことに感謝します。ありがとうございました……」

「この1年半で経験したことを忘れないでください。大人になっても忘れないでください。努力することを忘れないでください……」

「6年生は中学生になると先輩にいじめられないように頑張ってください。5年生以下は6年生に負けないように頑張ってください。お願いします……」

「暑い夏も、寒い冬も頑張りました。保護者のみなさんも頑張りました。6年生は中学校ではばらばらになりますけど、1年半頑張ってきたことを誇りにしてください。さらに頑張ってください。下級生は門馬監督の下での厳しい練習に負けないでください……」

つぎつぎと保護者たちは、南相馬ジュニアベースボール結成から1年半の日々を思いだし、素直な気持ちを語った。挨拶しながら、言葉を詰まらせ、涙ぐみ、嗚咽《おえつ》するお母さんは1人や2人ではなかった。そのたびに「かわゆーい!」「もっと泣けばいいべ」などの声が聞かれた。「おらも涙がでるべよ」といい、酔眼を細めて涙をぬぐうお父さんもいた。

懇親会は2時間に及んだ。

コーチを辞任する本猪木亘さんが挨拶した。

「震災後、1年半にわたり、お世話になりました。勤務先の『尚《なお》ちゃんラーメン』の理解があって、土曜と日曜は野球を優先してくれましたが、来年は……まあ、土・日は稼ぎどきなもんですから、これ以上は無理はいえません。本当にこの1年半はぼく自身が貴重な経験をさせていただきました。6年生は卒業してもキャッチボールをきちんとやってください。ウオーミングアップをしっかりやってください。狙ったところにきちんと投げられるように練習してください。保護者のみなさま、選手諸君、お疲れさまでした。そして、尚ちゃんラーメンをよろしくお願いします……」

新任コーチの佐藤貴之さんが続いていった。

「コーチに就任したからには、本猪木コーチの精神を受け継ぎ『本猪木2《ツー》』として頑張ります。6年生に負けないように門馬監督の下で、新しいチームを強くしたいと思います。本猪木2をよろしくお願いします……」

新監督の門馬一弘さんもいった。

「6年生、本当にお疲れさまでした。昨年の6月1日に私が初めてノックをしたとき、何でもない打球を捕れなかった。正直にいって『これで強くなるのか？』と思いました。太田小の橋本翔太は、私がやったおにぎりを絶対に食べませんでした。しょうがないと思い監督の宮本さんに渡してもらったら、それでも食べませんでした。それがいまは向き合って話ができます。この1年半で20人みんなが成長してくれました。6年生にいいます。今後も人生は続きます。どんな人生を歩んでも目標を持ってください。強い気持ちで、頑張って進んでください……」

監督を辞任した宮本清典さんもマイクを持った。太田ワンダース監督時代の期間を入れれば、監督生活4年間をまっとうしてきた。

「これまでの4年間を振り返れば、走馬灯のように思い出がつぎつぎと浮かんできます。その間に震災があり、南相馬ジュニアベースボールクラブが結成され、指導者たちと話し合い、子どもたちと一緒に過ごせたことは貴重であり、大きな経験でした。南相馬ジュニアベースボールクラブは、1年後、2年後を考えたときどうなるか心配です。でも、このチームを支えてくれたみなさんに感謝します。ありがとうございました。この場を借りて申し上げたいと思います……」

選手を代表して6年生キャプテンの宮本克典君が、保護者を前に「感謝の言葉」を述べた。

「監督・コーチたちは、ぼくたちが目標とした全国大会出場達成のために、ぼくたちをきたえてくれてありがとうございました。保護者のみなさんは、県大会や遠征でホテルに泊まったときに、1つひとつ部屋を回ってお世話してくれてありがとうございました。監督・コーチと保護者のみなさんにあらためて感謝したいと思います。ありがとうございました」

選手全員が宮本君に倣った。

「ありがとうございました！」

そして、新たに保護者会の会長に決まった、5年生の遠藤雅也君のお父さんである、相馬市の八幡小学校教諭の遠藤隆一さんが、最後に「ご唱和をお願いします」といい、身を反らして両手を前に突きだした。大声で懇親会を締めた。

「フレー、フレー、ジュニア！　フレ、フレ、ジュニア！　フレ、フレ、ジュニア！」

終章

野球少年はホームを目指す

†鮭と野球、人間も同じ。ひたすらホームを目指す

福島第一原発から北に20キロ地点――。

昨年4月まで国道6号線に設置されていた検問所近くの小川に、鮭を目撃したのは一昨年の10月末だった。

私が見つけた2匹の雄と雌の鮭は、腹の部分が黄肌の最高級といわれる鮭だった。しかし、瓦礫《がれき》だらけの川を遡上《そじょう》してきたためだろう、背や腹の部分の皮が剝《む》けて白くなっていた。とくに雌の鮭は痛々しく、産卵時期を迎えているものの、幅2メートルほどの小川は浅瀬であり、さらに川底はコンクリート。産卵する場所が見つからないため、ときおり苛立つようにばたばたと左右に軀《からだ》を曲げ、水しぶきをあげてもがいていた。うつろな目と傷負った軀は、かなり疲れているようだ。

「頑張れ。もうすぐホームインだ……」

デジカメを手に、小さな声でいった。そのときだった。

「あのー、鮭は生まれた川に戻ってくるって、本当ですか？」

振り向くと、検問所にいた千葉県警の若い警官だった。小1時間ほど、川を覗《のぞ》いていたため不審感を抱き、声をかけてきたのかもしれない。

「本当です。4年前に放流された稚魚は、太平洋でもまれて大きくなって、こうして生まれ故郷に戻ってくる。野球と同じで、一塁、二塁、三塁と回れば、ホームに帰ってくるんですよ……」

この言葉を、若い警官は理解したのかは分からない。検問所のほうに戻って行った。

鮭と野球は同じで、頑張ればホームに帰れる——。

もう20年ほど前だった。ある高校野球監督を取材したときだ。故郷・南相馬市（当時は原町市）の新田川の鮭の話をした際に、彼はいった。

「鮭と野球かー。人間の人生も同じじゃないかなあ……」

説明によると、野球のホームベースは五角形で「家《ホーム》」の形をしている。そのホームに帰るためのスポーツが野球。4年後に放流された川に帰る鮭も同じであり、人生もまた同じだというのだ。

野球の場合は、相手投手が投球したボールを打ち、まずは一塁ベースを目指して疾走する。ヒットを打てば間違いなくセーフだが、ときにはクロスプレーもあり、アウトになることもある。そんなときに審判員にクレームをつけ、暴言を吐けば退場処分を告げられることもある。ともあれ、全力をだし切り、真面目《まじめ》にプレーすれば、審判員はセーフの判定を下す。そして、ファンの声援を受け、チームメイトの協力を得ながら、二塁ベース、三塁ベースと進塁。最後はホームに帰る。終始、真摯《しんし》なプレーに徹さなければならない。ホームインする前にルールを犯せば、審判員は躊躇うことなく「アウト!」を宣告する。

以上が、野球=ベースボールという名のスポーツだ。

鮭も野球と同様に、家《ホーム》である故郷の川から海に出て、一塁、二塁、三塁と進塁するように荒波の大海を頑張って泳ぎ切り、逞《たくま》しい成魚になって4年後にめでたく帰郷。産卵し、次の世代にバトンタッチする……。

以来、この話を、私は好むようになった。ひたすらホームを目指す野球も人間の人生も、4年後に生まれ故郷に帰ってくる鮭の一生も同じだからだ。

3・11という大震災に遭っても、多くの被災者はさまざまな試練、困難、障害などと向き合いつつ、常にホームを目指している……。

2012年の10月末。新田川沿いにある新田川鮭蕃殖《はんしょく》漁業協同組合の詰所を訪ねた。

3・11の前までは鮭漁の季節になると鮭めし店が開店され、お客さんで賑《にぎ》わっていた。遠い親戚にあたる漁協の代表理事の遠藤利勝さんは、毎年10月に入ると組合員の渡部正幸さんや木幡一良さんたちと漁をする。ここ10年は大漁だったという。

詰所の台所で雌鮭の腹を出刃包丁でさばいていた遠藤さんは、いつものようにぶっきらぼうな口調でいった。

「新田川の鮭は、回遊しているかもしんねえ。放射能なんかに汚染されることはねえみてえだ。保健所で調べたらほとんどゼロだべ。ただ、川底の苔などを食ってる鮎はだめだな。キロあたり2000ベクレルはあるようだ。まあ、ここで獲れる鮭は、そこらへんの川で獲れる黒ずんだ混血もんとは違う。腹の部分が黄金のように輝く、黄肌の最高級の鮭だ。このハラコ（イクラ）は稚魚になって、4年後にここに戻ってくる。ほら、黄肌のやつのだ、食ってみろ」

私は手でつまんで食べた。空き缶を手に新田川でイクラを拾っては口にしていた、遠い日の少年時代を思いだした。

昨年の新田川での鮭漁は師走で打ち切られた。この3月には新田川に140万匹を超える稚魚が放流された。鹿島区の真野川で鮭漁をする、漁協の協力で孵化されたのだ。放流された稚魚は太平洋でもまれて成魚となり、4年後に帰郷する。ホームに帰る――。

†好きなチームは日ハムで、巨人はあんまり……

そのホームを3・11で人生を狂わされた多くの被災者は目指している。その典型的な少年野球チームが、南相馬少年野球団だ——。

今年の1月12日。「南相馬ジュニアベースボールクラブ」と「原町ジュニアメッツ」の5年生と4年生の14人のメンバーで編成された選抜チーム「南相馬市少年野球教室」は、東京・三鷹市の武蔵野の森（旧大沢総合グラウンド）を中心に開催された「第4回東日本小学生親善野球大会」に出場した。チームを率いる監督は門馬一弘さん（南相馬ジュニアベースボールクラブ監督）。サポートするコーチは佐藤英雅さん（原町ジュニアメッツ監督）と佐藤貴之さん（南相馬ジュニアベースボールクラブコーチ）の2人である。

それに「まず復興は少年野球から」と、そう衒《てら》うことなく語る「南相馬市少年野球連盟」会長・門馬浩二さんたち役員5人、保護者15人。加えて原町ジュニアメッツの3年生メンバーの鈴木聖永《きよのり》君、この4月に原町第一小学校に入学した佐藤大舞《ひろむ》君も顔を見せた。総勢36人は、この日の朝4時半に南相馬市から観光バスに乗り、三鷹市の会場に到着したのは

新田川で鮭漁をする
左から遠藤利勝さん、渡部正幸さん、木幡一良さん

南相馬市少年野球教室の選手たち。第4回東日本小学生親善野球大会（2012・1）で戸田クラブジュニア（埼玉）との決勝戦を前に余裕の笑顔

試合前のダッシュ！

試合前の腹ごしらえだ

試合前に監督・宮本清典さんとコーチ・門馬一弘さんから檄。
「ユニホームを汚して帰ろうぜ！」「おお！」

毎年9月に開催される「杉並区・取手市・南相馬市交流自治体少年野球交流会」。みごと南相馬市少年野球教室が優勝した

少年野球交流会のMVPは投打に活躍した宮本克典君だった

2012年12月2日夜に行われた南相馬ジュニアベースボールクラブの懇親会。選手・保護者が全員出席。
表彰式も行われ、選手全員が来年に向けての抱負を語った

9時半。5時間の旅だった。

東京・埼玉・富山・長野・新潟から16チームが出場した大会で南相馬市少年野球教室は、2日間でオール杉並（杉並区）・浅間スポーツ少年団（長野）・連雀スパローズ（三鷹市）・緑ヶ丘ジャイアンツ（調布市）と対戦。1回戦のオール杉並戦は旅の疲れを感じさせず、9対0でコールド勝ちをした。また、2日目の連雀スパローズにも勝った。しかし、浅間スポーツ少年団と緑ヶ丘ジャイアンツ戦には敗れた。対戦成績は2勝2敗。16チーム中で6位に終わった。昨年は準優勝だったため、14人の選手たちにとっては不本意だったに違いない。が、選手たちはしっかりと前を向いていた。

2日間にわたった大会に私は足を運んだ。すでに選手たちとは何度も顔を合わせているが、新たな声を聞きたかったからだ。大会中、私にとって孫といってもよい年齢差の14人の選手は、ときに照れ顔を見せ、ときにはにかみ、それでも笑顔を見せて取材に応じた。

背番号10。まずはキャプテンに指名されたセンターの佐藤隆信君（大甕小6年生）に聞いた。佐藤君は、昨年の12月から5年生が主体となった、新チームの南相馬ジュニアベースボールクラブでもキャプテンを務めている。

「キャプテンは大変だろうとみんなにいわれるけど、楽しいです。これからのぼくの目標は、いまのところ遠投は40メートル前後なんですが、6年生になったら50メートル以上投げられるようにしたいです。お兄ちゃんもお姉ちゃんも野球をしていて……。中学生のお姉ちゃんは、いまは吹奏楽部に入って野球はしていないんですが……。お兄ちゃんとお姉ちゃんよりも『上手いなあ』といわれたいです。よくお父さん（コーチの佐藤貴之さん）とキャッチボールをやるんですが、厳しいです。でも、ぼくとしては厳しいほうがいいと思います……」

背番号1でエースの酒井千弥《ちひろ》君（石神第二小6年生）は、打撃センスもいい。昨年は29試合に出場し、71打数24安打で打率3割3分8厘。二塁打7、三塁打4、ホームラン1と、長打力もある。

「好きなプロ野球選手は、北海道日本ハムファイターズの糸井（嘉男、現オリックス）選手で、打って守れる選手だからです。糸井選手のようになりたいです……」

大好きなカレーライスを頬張りながら、酒井君はいった。

その酒井君の女房役が、監督・門馬一弘さんの長男の高平小6年生の門馬楓君だ。敗れた対浅間スポーツ少年団戦ではフォアボールとパスボールが多かったため、キャッチャーとしての責任を感じたのだろう、ベンチ裏で大粒の涙を流し、こぶしでぬぐっていた。今春2年生になった妹の有花ちゃんも野球が大好き。4月からは南相馬ジュニアベースボールクラブの紅一点のメンバーになった。

「仕事が忙しいお父さんとは、なかなかキャッチボールはできないです。だから、家では1人で素振りなどをしています。妹の有花も野球をやりたいといってますが、まあ、時間があれば少しだけキャッチボールなどを教えてやってもいいです……」

背番号3の橋本翔太君（太田小6年生）は、チーム一の157センチの身長を誇る。ポジションはファーストで、好きなプロ選手はソフトバンクの内川聖一選手だ。

「プロ野球はテレビでよく観ます。好きなチームは昔っから千葉ロッテです。昔は西岡（剛）選手が好きだったんですが、今年から阪神でやるというので嫌いになりました。野球以外の得意なスポーツは長距離のマラソンで、太田小の5年生の中ではトップです。でも、いまは避難先から戻ってきていないやつが多いため、5年生の男子は4人だけです。女子は11人で、全校で生徒は61人しかいません……」

「身長も高いから女子にもてるんじゃないの？」そう尋ねると、橋本君は一笑に付した。

「女子はむかつくやつばっかりで、掛け算もできないやつもいるので嫌になります……」

橋本君といつも一緒に行動をともにしているのが、太田小のクラスメイトの大和田稜君だ。2人とも坊主頭にしている。山形県飯豊町の避難所で生活した際、みんなして坊主頭にして以来だという。頭を洗うのが簡単だから坊主頭はいいんだ、といって笑った。

大和田君のポジションはショートとセカンドで、シュアなバッティングがウリだ。昨シーズンの新人戦7試合の成績は26打数9安打、打率3割4分6厘。盗塁も10個決めている。好きなプロ選手は昨シーズンまで日ハムに在籍していた、メジャー挑戦中の田中賢介選手だといった。

「ぼくもクラスの女子にはむかついています。だから、興味はないです。翔太はマラソンが得意ですけど、ぼくは短距離のほうがいいです。50メートル走は8秒3か8秒4くらいだと思います。いまの身長は143センチで体重は37キロだから、翔太のようにもっと高くなりたいです。好きなチームは日本ハムで、巨人はあんまり好きではありません……」

傍らでお母さんの大和田すみれさんが、頷《うなず》いていた。

背番号4の鈴木悠輔君（原町第一小6年生）は、2年生のときに原町ジュニアメッツに入団した。監督の佐藤英雅さんによれば、どんなポジションでもこなすユーティリティな選手だという。

「はい。キャッチャー以外ならなんでもできると思います。でも、一番好きなポジションは、ショートです。中学1年生のお兄ちゃんとキャッチボールをやっているけど、お兄ちゃんのほうが足も速いし、上手いです。だから、早くお兄ちゃんのようになりたいと思っています。好きな選手は、巨人の長野《ちょうの》（久義）選手です……」

同じ原町第一小6年生の背番号12の新妻結人君は、チーム一の韋駄天《いだてん》だ。なんと50メートル走は7秒7だといって、胸を張る。好きなチームは巨人だ。

「野球を始めたのは、2年のときからです。走り回ったりして、動くのは大好きだし、野球はカッコいいし、東京ドームで巨人の試合を観たときは迫力がありました。ぼくは坂本（勇人《はやと》）選手が好きだから、坂本選手のようになりたいです……」

4年生（現・5年生）から「南相馬市少年野球教室」のメンバーに選ばれたのは、高田駿作君（原町第二小）と佐々木雅人君（太田小）の2人だ。原町第二小で唯一の野球少年の高田君は、1年生のときから野球を始め、昨年の秋に右打ちから左打ちに変えた。

「ぼくの場合は、お父さんが6歳のときに亡くなったためにお兄ちゃんとお母さんから左打ちにしたほうがいいといわれて、それで左打ちに変えました。いまの身長は１４４センチで、クラスでは後ろから4番目なんですが、もっと食べて大きくなりたいです。プロ野球選手は全員好きで、昔はお母さんもお姉ちゃんも、それにお兄ちゃんも巨人が好きだったんですけど、いまはそれほどでもないです……」

カレーライスを食べながら、高田君は照れくさそうな表情でいった。隣の席に座る佐々木君も続いて語った。2対4で敗れたものの対緑ヶ丘ジャイアンツ戦ではマスクを被り、レガースを付けてスタメン出場。身長133センチながら盗塁を阻止しようと、牽制《けんせい》のサインをだした。先発した鈴木悠輔君と2番手の新妻結人君との呼吸も合っていた。

「ぼくもいっぱい食べて、もっと大きくなりたいし、上手くなりたいです。たまにお父さんとキャッチボールをします。ノックもしてくれるけど、ちょっと厳しいです。でも、このままでいいと思う。甘やかされるのは嫌いです……」

隣のテーブルで同じカレーライスを食べる、お父さんの佐々木邦信さんは苦笑いを浮かべていた。

†地面に棒きれで描いたスコア表

2日目の大会会場。連雀スパローズに勝ち、緑ヶ丘ジャイアンツとの5位・6位決定戦を控えての昼食後。私は、前日に取材できなかった選手たちの声を再び聞いた。

高平小6年生の遠藤佑真君と渡部篤志君の2人は、ちょうど1年前の3月に南相馬ジュニアベースボールクラブに入った。

「野球をやる前はテニスをやっていたんですけど、野球もやってみたいと思って入りました。あんまりプロ野球の試合はテレビなんかでは観ていないんですけど、将来はピッチャーをやってみたいなあと思っています。まだ野球をやって1年くらいなので、もっと慣れてからピッチャーをやりたいです。初めて野球をやったときはキャッチボールもできなかったですから……」(遠藤君)

「ぼくは、レフトのレギュラーになりたいです。理由は、右バッターが多いため、レフトへの打球がいっぱいくるからです。震災のときですか？　あのときは高台に逃げたんですが、家の1階は津波でぐじゃぐじゃになって、二本松市に避難して、3学期になる前に戻ってきて、いまは仮設住宅で生活しています。遠藤佑真と一緒にジュニアに入ってよかったです。6年生になってからの目標は、県大会に出場して2回以上勝つことです。なんでなら、いまの6年生は県大会で1回しか勝ってないからです……」(渡部君)

ちなみに渡部君のおじいちゃんの渡部正幸さんは、私の高平小時代の先輩。本職は大工さんだが、毎年10月に入ると新田川で鮭漁をする1人で、何度も取材でお世話になっている。

小玉拓郎君（高平小6年生）は、チームで唯一の左投げ左打ち選手だ。レフトのレギュラーを狙っているため、南相馬ジュニアベースボールクラブでは渡部君とはライバル関係にある。

「目標は、だれにもレフトを渡さないことです。小さいときのぼくは、右投げだったんですけど、いまは左投げ左打ちでやっています。左打ちだと一塁ベースに近いし、バントしたときに有利だからです。だから、セーフティバントをもっと上手くなりたいです。50メートル走は8秒5くらいだから、もっと速く走れるように頑張りたいと思います。和歌山に避難していたときは、あっちのスポ少のチームでやっていて楽しかったんですけど、やっぱり高平小のみんなとやりたかったです……」

離れたところからお父さんの小玉洋一さんは、こちらを見ながら息子・拓郎君の言葉に耳を傾けていた。

背番号5の遠藤雅也君（高平小6年生）は、緒戦のオール杉並戦に先発。無得点に抑えて完投した。スコアは9対0。笑顔でいった。

「昨日の試合で投げたときは、ものすごく緊張しました。でも、ピッチャーは難しいけど、やりがいがあると思います。ぼくはサードやセカンドでもしっかりと守れる選手になりたいです。憧れている選手は青木（宣親、ブルワーズ）選手です。守備も上手いし、足が速くて内野安打で出塁できることがすごいと思います。須賀川市に避難しているときは野球ができなかったのでつまらなかったです。仲間と野球できないときは、お父さんとキャッチボールをしています。お兄ちゃんも野球をしていたため、楽しいです……」

遠藤君のお父さんの遠藤隆一さんは、保護者会長としてチームに同行。終始、カメラを手に試合を撮影していた。また、審判員も務めた。

そして、紅一点で出場したのが、原町ジュニアメッツの監督・佐藤英雅さんの長女の佐藤晴《はる》ちゃん（原町一小6年生）だ。3年生に進学する際に「野球をしたい」といった。それに対し、お父さんは強い目で「やるからには、やめるなよ」といった。以来、晴ちゃんは1回も愚痴をこぼしたことはない。

ユニホーム姿の晴ちゃんは語った。傍らには今春原町一小に入学し、同時に原町ジュニアメッツに入った、2日後の1月15日で6歳になる弟の大舞君がいる。

「打つのが好きですけど、ピッチャーもやってみたいです。お父さんもピッチャーをやっていたし、私は巨人の内海（哲也）選手が好きだから……。弟も野球をやるといってるけど、うるさいからあまり教えたくない……」

そういう姉の顔を見て、まさにやんちゃ坊主という感じの大舞君は口を尖《とが》らしていった。

「お姉ちゃんは、すぐ怒るからぼくもやりたくない。ぼくもピッチャーになりたいから、お父さんに教えてもらうんだ……」

もう1人。原町ジュニアメッツの鈴木聖永君（原町第一小3年生）は、1年生のときから野球をしているためルールも知っている。ベンチの横からお兄ちゃんの鈴木悠輔君たちのプレーを見ながら、地面に棒きれを手に描いた独自のスコア表――テレビ中継の際に画面の隅に映しだされるS・B・Oのカウント表にストライク・ボールを1球ずつ棒きれで丸を書き、ダイヤモンドには走者も記していた。もちろん、1イニングごとにスコアも表示する。それを真似て大舞君もスコア表を地面に描いている。

「野球が大好きなんだ？」

そう尋ねると、聖永君はいった。

「お兄ちゃんたちがやっているから好きになったんだ。今年はセカンドかライトをやりたいんだ……」

2日目の2試合目、最後の試合。5位・6位決定戦の対戦相手は、東京・調布市の緑ヶ丘ジャイアンツ。昼食後の午後1時57分にプレーボールとなった。先に述べたように先発投手は鈴木悠輔君、捕手は佐々木雅人君のバッテリーで、佐藤晴ちゃんは7番ライトだ。

監督の門馬さんが、円陣を組んだ選手たちに檄をとばした。

「5位と6位、どっちがいいんだ。もちろん、5位だよな。じゃあ、最後の試合だ。思いきりやろうぜ!」

「おー!」

大声で気合いを入れたナインは、守備位置に走った。

1回表。投手の鈴木悠輔君はコントロールが定まらず、先頭打者をフォアボールで出塁させたものの、2番と3番打者をピッチャーゴロで2アウト。しかし、ここからエラーが3つ続いて1点を献上してしまった。スコアラーの大和田すみれさんが、ベンチからナインに声を張り上げた。

「打球から目を離すなあ!」

それが奏功したのかもしれない。マウンドの鈴木悠輔君は、落ち着いた投球で7番打者を三振。ピンチを脱し、0対1でチェンジ。

1回裏。相手投手は身長160センチのサウスポー・大川穣生《じょうい》君。その姿は落ち着いていて、マウンド度胸もありそうだ。しかし、先頭打者の左打ちの小玉拓郎君は、よくボールを見てフォアボールで出塁した。続く2番の高田駿作君は、詰まってしまいショートフライ。3番の鈴木悠輔君はフォアボールを選び、ここから相手の連続エラーで2点を奪取。2対1と逆転。リードした。

いつもの「取られたら取る」の南相馬市少年野球教室のペースだと思われた。が、相手チームの監督・佐々木伸也さんも黙ってはいなかった。

「南相馬のチームは、遠いところからやってきて頑張っている。東京のおまえたちが負けたら情けないぞ。バクハツしようぜ！」

この檄が効いた。とくにサウスポー・大川君の投球が冴《さ》えてきたのだ。球速も増し、コントロールもよくなり、完全に抑えられてしまった。それとは逆に南相馬市少年野球教室は、疲労のためだろうか、徐々に動きが鈍くなって、守備が乱れ始めた。3回に2対2の同点にされ、さらに5回に2点を献上して試合を決められてしまった。2対4で敗れ、6位に終わったのだ。

午後3時7分に試合終了。相手チームの一塁ベンチ前に行ったナインは、大声でお礼の挨拶をした。

「ありがとうございました！」

試合後、緑ヶ丘ジャイアンツの監督・佐々木さんがエールを送った。

「少子化のため、都会のチームも選手を集めるのに苦労しています。でも、震災に遭った南相馬市は、避難している人も多いと聞いていますから、何十倍も苦労していると思う。私たちも南相馬市のチームに負けないように、子どもたちに野球の楽しさを教えたいです」

午後3時35分。ユニホーム姿のまま観光バスに乗り込んだ選手たちは、保護者とともにホームである故郷・南相馬に帰った――。

†原発禍における子どもたちを忘れるな！

絶対に忘れてはいけない「3・11」から2年以上の月日が流れた。この間、何度も私は故郷に帰り、取材を重ねた。が、そのたびに憤りを感じずにはいられなかった。

3・11から166日後。一昨年の8月24日だった。文科省は、スポーツの憲法ともいえる『スポーツ基本法』を施行させた。「スポーツは、世界共通の人類の文化である」で始まる前文には次のように記されている。抜粋したい。

　スポーツを通じて幸福で豊かな生活を営むことは、全ての人々の権利であり、全ての国民がその自発性の下に、各々の関心、適性等に応じて、安全かつ公正な環境の下で日常的にスポーツに親しみ、スポーツを楽しみ、又はスポーツを支える活動に参画することのできる機会が確保されなければならない。

　スポーツは、次代を担う青少年の体力を向上させるとともに、他者を尊重しこれと協同する精神、公正さと規律を尊ぶ態度や克己心を培い、実践的な思考力や判断力を育む等人格の形成に大きな影響を及ぼすものである。

　また、スポーツは、人と人との交流及び地域と地域との交流を促進し、地域の一体感や活力を醸成するものであり、人間関係の希薄化等の問題を抱える地域社会の再生に寄与するものである。さらに、スポーツは、心身の健康の保持増進にも重要な役割を果たすものであり、健康で活力に満ちた長寿社会の実現に不可欠である。

実にもっともなことが記述されている。

しかし、3・11後の被災地の現状は、以上の前文からはほど遠く、現状を把握しないまま施行してしまったといってよい。官僚が机上で作成した単なる体のよい作文であり、復興が進まない被災地を逆なでするような前文といえる。とくに原発事故後に満足に外遊びや運動＝スポーツができずに喘《あえ》ぐ、福島の子どもたちのことはまったく視野に入れていない。原発から飛散された放射性物質は消えることはなく、覆水は盆に返らないように、今後も放射性物質は人間に限らず、万物を汚染し続けるのだ。それを考えれば「被災地＝原発禍における地域のスポーツ施設の確保と支援」といった一項目を加えるべきだろう。

また、その翌月の9月には東京都とＪＯＣ（日本オリンピック委員会）は、再び2020年開催のオリンピック招致に立候補すると宣言。3・11の際に「天罰だ」と暴言を吐いた、当時の都知事は一転し「復興五輪」をスローガンに掲げ、埋蔵金ともいえる4000億円の積立預金があることを誇示した。東京都が東京電力の大株主であることを思えば、まさに愚の骨頂だろう。「復興」は国内の問題であり、世界には恵まれない子どもたちがいっぱいいるのだ。

もちろん、たとえ昨2012年12月に都知事の顔が変わっても、その方針は変わらず、いかに世界に「Ｄｉｓｃｏｖｅｒ　Ｔｏｍｏｒｒｏｗ〜未来（あした）をつかもう」と発信しても「原発事故」や、懸念される「首都圏直下の地震発生」への不安は払拭《ふっしょく》できない。東京湾沿岸部に多くの会場や選手村を配置するというが、台風や地震が発生し、高潮や津波がくれば海抜0メートルに近い地帯は一気に水没してしまう。そのような状況を考えた場合、ＩＯＣ（国際オリンピック委員会）委員は、はたして東京オリンピック招致に清き1票を投じるであろうか。

さらに2ヵ月後の暮れには「原発事故は収束しました」と、当時の新首相は宣言をしたから驚いてしまった。当然、都知事同様に昨年師走に首相が変わっても、よくなるどころか新政権は「原発再稼働」「新規原発設置」を打ちだした。いつの時代もこの国は経済発展のみを優先し、工業・技術立国戦略路線を突っ走り、国民の健康＝スポーツを路傍の石として見捨てようとしている。

原発禍における、福島の将来を担う子どもたちを忘れてはいけない――。

あとがき

日頃、クラシック音楽とは縁遠い私ですが、好きな曲があります。

いまでは高校野球の応援曲にも起用されているラヴェルの『ボレロ』です。その理由は、あらゆる楽器がオーケストラのステージに登場。それぞれの楽器に、ソロで演奏されるチャンスが用意されているからです。つまり、すべての楽器が主役になるのです。普段ならステージの後方片隅に位置し、目立つことのない小太鼓でさえも、ステージ中央にポジションをとり、指揮者と向き合い演奏をリードします。

約25分に及んで演奏される『ボレロ』と、平均試合時間2時間30分ほどの『野球』。時間的には大きな隔たりがあるものの、それぞれの「顔」はとてもよく似ています。

まず『ボレロ』の場合は、小太鼓が静かに小気味よく演奏され、続いてフルート・Esクラリネット・ファゴット・クラリネット・オーボエ・トランペット・テナーサックス・ソプラノサックス・フォルン・ピッコロ……の順で続きます。それぞれがソロで個性ある音色を奏で、会場の観客を徐々に惹き付け、盛り上げます。

野球も同じです。1番から9番までの選手はいずれも個性的で、自分の役割をこなします。脚の速い先頭打者が塁にでて、2番打者は確実に走者を次の塁に進めるバッティングに徹し、クリーンナップの3番・4番・5番バッターは得点に結びつくバッティングをする。たとえ得点につながらなくとも、2回、3回、4回とイニングを重ねるごとに作戦を練り、相手チームから点を奪い、ファンを沸かせます。

どちらも後半が大事です。『ボレロ』の演奏時間でいえば、バイオリン・ビオラ・チェロ・コントラバスなどの弦楽器が演奏に入る時間帯。一方、野球は、5回を終えて打者が3巡目を迎える6、7回あたりです。指揮者と監督の指示で、プレーヤーは勝負にでます。

さらに圧巻なのは『ボレロ』では20分過ぎ。ステージ上ではすべての楽器がスタンバイし、指揮者の元に一斉に演奏を開始します。『野球』では2時間を迎えようとしているあたり。7回、8回、最終イニングの9回。勝利に向かって一気に総攻撃をかけるのです。

私の好きな『ボレロ』、そして、長年取材を続けている『野球』。この2つは驚くほど似ています。

3・11から丸2年が経ちました。しかし、被災地の復興は進んでいるとは思えません。ましてや原発禍における「フクシマ」の復興は遅れに遅れ、手抜き除染、中間貯蔵施設、賠償交渉、生活再建などの問題が続出しています。すべては政府と東電の、被災者を無視した政策と対応の悪さためです。10年、20年、いや30年以上の歳月がかかるといわれる復興に向かっているといっても、牛歩以下、カタツムリの如き歩みです。『ボレロ』でいえば、リードする小太鼓の演奏が始まったばかり。『野球』でいえば、ようやくトップバッターが打席に入ったところでしょうか。いや、現状を見れば、まだまだプレーヤーはステージにもグラウンドにも登場していません。単に「復興」という言葉を口にしているだけです。大声で叫びます。経済よりも「人間」を主役にし、原発事故と対峙《たいじ》するのです。世界が注目しているのですから……。

不甲斐《ふがい》ない政府と東電関係者が、もし知らなければ聴いて欲しい曲があります。20年以上前から原発事故を予告し、反原発を叫んでいた故・忌野清志郎さんの『サマータイム・ブルース』『ラブ・ミー・テンダー』など。ブルーハーツの『チェルノブイリ』、さらに若い人たちが口ずさんでいるという、斉藤和義さんの『ずっと嘘だった』に、真摯な態度で耳を傾けるべきです。それでも原発再稼働を唱えるなら、ランキン&ダブアイヌバンドの『誰にも見えない、匂いもない2011』を聴けばいいでしょう。

この2年間、私は「原発禍におけるスポーツ」をテーマに取材を続けてきました。今回は「南相馬少年野球団」を中心に、子どもたちのスポーツの現実を、私なりの視点で書いたつもりです。1年前から1冊にまとめるように私を口説いてきたのが、編集部の岩谷健一さんでした。感謝します。

最後になりましたが、私の取材に快く応じてくれたすべてのみなさんに心からお礼を申し上げます。ありがとうございました。

これからも私の取材は続きます――。

岡 邦行

著者略歴

岡邦行（おか・くにゆき）

ルポライター。1949年、福島県南相馬市生まれ。法政大学社会学部卒。出版社勤務を経て、フリー宣言。スポーツを中心に野球、サッカー、ゴルフなどを取材。『野球に憑かれた男』（報知新聞社）で99年に第3回報知ドキュメント大賞を受賞。著書に『素晴らしき野球小僧 白球を追い続ける男たちの詩』（ぶんか社）、『伊勢湾台風 水害前線の村』（ゆいぽおと）など。

南相馬少年野球団 フクシマ3.11から２年間の記録

2013年７月１日　第１刷発行

著　者　岡　邦行

発行者　唐津　隆

発行所　株式会社ビジネス社

〒162-0805　東京都新宿区矢来町114番地 神楽坂高橋ビル5階

電話　03(5227)1602　FAX　03(5227)1603

http://www.business-sha.co.jp

印刷・製本　株式会社廣済堂

〈装画〉ちばあきお　〈カバーデザイン〉中村　聡　〈本文組版〉沖浦康彦

〈編集担当〉岩谷健一　〈営業担当〉山口健志

ISBN978-4-8284-1713-4